English

수능에 꼭 나오는
블랙홀
영단어

지은이 홍경희

디아스포라

머리말

안녕하세요? 저자 홍경희입니다.

영어를 잘하기 위한 첫걸음은 무엇일까요? 문법? 독해? 말하기? 듣기?
위의 4가지를 제대로 구사하기 위한 밑바탕은 바로 어휘력입니다. 어휘력이 되
어야 문장의 구조를 파악하여 그 의미를 이해하고, 상대방과의 대화 및 청취도
가능해지는 것이지요. 따라서 어휘 학습은 제대로 된 영어학습의 최우선 선결과
제이며, 어휘력의 증진 없는 영어실력의 향상은 요원한 실과 바늘과 같은 존재인
것입니다.

그렇다면 어휘력은 어떻게 증진시켜야 할까요? 공부에 왕도가 없듯, 어휘 학습
에도 절대적인 법칙은 없습니다. 'Slow and Steady wins the race(천천히 꾸
준히 하는 자가 이긴다)'의 격언과 같이 어휘 학습도 시간과의 싸움을 통해 꾸준
히 정해진 양을 지속적으로 암기하며 학습하는 것이 어휘력 상승의 비결입니다.

어느덧 올해로 저의 현장 강의도 15년째입니다. 지난 시간 동안 초등학생부터 고
등학생 그리고 성인에 이르기까지 다양한 학생들을 지도하며 느껴왔던 "제대로
된 어휘집"에 대한 갈증을 이번 어휘집의 출판으로 해소할 수 있게 되었습니다.
개인적 숙원을 한방에 해결해 준 디아스포라의 손동민 대표와 늘 저를 위해 힘써
기도하시는 존경하는 부모님 그리고 사랑하는 가족들에게 이 책을 바칩니다.

부디 심혈을 기울여 만든 이 어휘집이 다양한 영어시험을 준비하고 있는 대한민
국의 수험생들에게 조족의 도움으로 다가가길 소망해봅니다. 감사합니다.

2020년 5월 즈음 🐾

효과적인 어휘학습을 위한 책 활용법 👣

모든 시험은 반복성과 순환성을 지니고 있습니다. 본 책 역시 이러한 시험원리에 착상하여 최근 5년간의 전국연합학력평가 및 실제 대수능 시험에 기출된 모든 영어지문을 철저히 분석하여 데이터화 시켰습니다. 이렇게 분석된 데이터를 토대로 기출단어를 반복성과 유사성 그리고 빈도수로 구분하여 이 책을 학습하는 독자가 중요도에 의해 어휘학습을 할 수 있도록 구성되었습니다.

1. 해당 어휘의 "별의 개수"를 먼저 확인하라!

어휘의 좌측에 표기된 별표는 해당 어휘가 지난 5년간 공식적인 시험에 얼마나 자주 지문에 등장했는지를 나타내주는 빈출표시입니다. 따라서 학습자는 내가 학습하고 암기하는 단어가 어느 정도의 빈출중요도를 지닌 단어인지를 사전에 알고 중요도에 따라 선별적인 학습이 가능하도록 설계가 되어져 있습니다.

빈출도의 기준은 다음과 같습니다.

    ★   : 1회~5회의 빈출도
  ★★ : 5회~10회의 빈출도
★★★ : 10회 이상의 빈출도

예시) ★ Platitude 상투적인 말. 진부한 이야기

2. 본문에 제시된 지문을 토대로 어휘의 정확한 의미와 쓰임새를 이해하라!

한국어식의 해석을 기준으로 자기 자신이 알고 있는 단어를 문장에 사용했을 때 뜻이 어색하거나 모호해진 경험을 해본 학습자가 많으리라 생각합니다. 본 어휘집은 간결하면서도 일상에서 쉽게 접할 수 있는 쉬운 단문 위주의 문장을 통해 해당 어휘가 어떤 문맥적 의미로 사용되는지를 학습할 수 있도록 제작되었습니다. 따라서 학습자는 어휘의 뜻만을 암기하기보단 문장 속에서 사용되는 단어의 의미를 병행하여 학습한다면 보다 정확한 학습이 가능해지리라 생각합니다.

Platitude는 실제 문장에서 이렇게 사용됩니다!!

예시)

The platitude of the speaker during the presentation made it seem unoriginal.

발표자의 상투적인 말들이의 발표를 독창적이지 않게 만들었다.

3. 어휘학습은 "영어→한글" 그리고 "한글→영어"순으로 적어보며 학습하라!

효과적이고 머릿속에 오래 남는 어휘 학습을 위해서는 본 책에 제시된 영단어를 보고 한글의 뜻을 적어봅니다. 어휘 자체를 직접적으로 쓰거나 선택하는 시험문제의 비중이 과거에 비해 상당히 낮아졌기에, 독해 지문을 해석할 때 단어를 보고 한글의 뜻이 연상되는 방식의 학습이 보다 효율적입니다. 아울러 단어를 보고 한글의 뜻이 쉽게 떠오르는 수준까지 학습자의 실력이 올라갔다면, 이제 정확한 학습을 위해 한글을 적어두고 단어를 정확하게 써 보는 훈련을 진행하도록 합니다. 이렇게 두 가지의 방법을 병행하면 단어를 보고 뜻을 떠올리는 것뿐만 아니라 해당 단어를 정확하게 쓸 수 있는 능력도 배가됩니다. 🐾

예시)

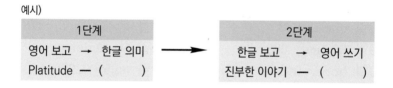

차례

Day 01

cooperative

recommendation

substantially

title

fair

abruptly

whereas

tip

simplify

prioritize

empty

mimick

violation

plan

internal

🐾 아는 단어가 있나요? 뜻을 적어보세요

marriage

strengthen

platitude

ultimately

tempt

sustainable

conventional

lasting

factory

imprecise

earn

regarding

removal

presentation

conclude

★ cooperative ☐ ☐ ☐

협조하는, 협력하는

Thanks to the <u>cooperative</u> citizens, we were able to catch the thief.

협조적인 시민들 덕분에 우리는 그 도둑을 잡을 수 있었다.

2016년 6월 고1

★ recommendation ☐ ☐ ☐

추천, 권고, 추천장

A letter of <u>recommendation</u> plays a crucial role in applying for schools.

학교 지원할 때 추천장이 중요한 역할을 한다.

2017년 9월 고1

★ substantially ☐ ☐ ☐

상당히, 많이, 대체로, 주로

Children under the age of 10 are <u>substantially</u> scared of the rollercoasters.

10살보다 나이가 적은 아이들은 대체로 롤러코스터를 무서워한다.

2018년 9월 고1

★ title ☐ ☐ ☐

칭호, 작위, 제목, 표제

Let's give around of applause for RaOn obtaining that <u>title</u>.

그 칭호를 얻은 라온이에게 박수를 쳐 주세요.

2015년 6월 고2

★ fair ☐ ☐ ☐

타당한, 공정한, 하얗다, 전시회

It is only <u>fair</u> for Sujeong to refute ChaeHyun's accusation.

수정이가 채현이의 혐의 제기를 반박하는 것은 타당하다.

2014년 9월 고2

★ abruptly ☐ ☐ ☐

갑자기, 돌연히

The fault is on the car that turned <u>abruptly</u> in the intersection.

그 잘못은 교차로에서 갑자기 방향을 꺾은 차에 있다.

2014년 6월 고2

★ whereas ☐ ☐ ☐

~에 반하여 (두 가지 사실을 비교, 대조할 때)

HaeNa submitted her assignments <u>whereas</u> SeungHwan turned his late.

시간 내에 과제를 제출한 해나에 반하여 승환이는 늦게 제출했다.

2015년 9월 고1

★ tip ☐ ☐ ☐

끝부분, 조언, 사례금, 팁

Leaving a generous <u>tip</u> for the server is considered polite in the US.

미국에서 종업원에게 넉넉한 팁을 주는 것은 예의를 갖춘 것으로 생각된다.

2015년 6월 고2

★ simplify ☐ ☐ ☐

단순화하다, 간단화하다

Please <u>simplify</u> the materials needed for tutoring kids in elementary.

초등학생 아이들을 교육할 자료들을 단순화시켜 주세요.

2018년 9월 고1

★ prioritize ☐ ☐ ☐

우선시키다, 우선순위를 매기다

Flight attendants <u>prioritize</u> the young and the elderly in emergencies.

승무원들은 위험 상황에서 어린아이들과 연세가 많은 사람을 우선시한다.

2018년 6월 고2

★★ empty ☐ ☐ ☐

비어 있는, 빈

By the time the police arrived, the basement was already <u>empty</u>.

경찰들이 도착했을 때, 지하실은 이미 비어 있었다.

2015년 6월 고1

★ mimics ☐ ☐ ☐

흉내를 내다, 모방하다

Parrots are especially good at <u>mimicking</u> human characteristics.

앵무새들은 사람의 특징을 흉내 내는 데 특히 재주가 있다.

2016년 9월 고1

★★ violation ☐ ☐ ☐

위반, 위배, 침해

Taking pictures of others without their consent is a <u>violation</u> of privacy.

다른 사람의 사진을 동의 없이 찍는 것은 타인의 사생활을 침해하는 것이다.

2015년 6월 고2

★★ plan ☐ ☐ ☐

계획, 기획

Despite the storm passing by, the plane arrived on time according to the <u>plan</u>.

폭풍이 지나감에도 불구하고, 비행기는 계획대로 제시간에 도착했다.

2014년 9월 고2

★ internal ☐ ☐ ☐

내부의, 체내의

The value of the car depreciated due to <u>internal</u> damages to the car.

차 내부에 있는 손상 때문에 자동차의 가치가 하락했다.

2015년 9월 고2

★ marriage ☐ ☐ ☐

결혼

Arranged <u>marriages</u> back in the days were quite common.

옛날에는 정략결혼이 상당히 흔했다.

2015년 6월 고1

★ strengthen ☐ ☐ ☐

강력해지다, 강화하다

Working out regularly <u>strengthens</u> mind, body and soul.

꾸준히 운동하는 것은 마음, 몸과 정신을 튼튼하게 해 준다.

2018년 9월 고2

★ platitude ☐ ☐ ☐

상투적인 말, 평범

The <u>platitude</u> of the speaker during the presentation made it seem unoriginal.

발표자의 상투적인 말들이 그의 발표를 평범하게 만들었다.

2019년 6월 고2

★ ultimately ☐ ☐ ☐

궁극적으로, 결국

<u>Ultimately</u>, the court ruled in favor of the plaintiff and sent the defendant to jail.

궁극적으로, 법원은 원고를 위한 결정을 내렸고 피고인을 감옥에 보냈다.

2017년 9월 고2

★ tempt ☐ ☐ ☐

유혹하다, 유도하다

DaOn <u>tempted</u> her family into adopting another puppy from the shelter.

다온이는 가족들이 보호소에서 새로운 강아지를 입양하도록 유도했다.

2018년 9월 고2

★★ sustainable ☐ ☐ ☐

지속 가능한 , 지속적 사용이 되는

The school gave out <u>sustainable</u> straws to students in celebration of Earth Day.

학교는 지구의 날을 축하하는 의미에서 지속적 사용이 가능한 빨대를 학생들에게 제공했다.

2018년 9월 고1

★ conventional ☐ ☐ ☐

관습적인, 전통적인

<u>Conventional</u> ways of marketing are becoming less and less common.

전통적인 마케팅 방식은 점점 더 흔해지고 있다.

2016년 9월 고1

★ lasting ☐ ☐ ☐

지속적인, 오래가는

The sand sculptures on the beach are <u>lasting</u> longer than the community assumed.

🐾 해변에 있는 모래 조각상들은 지역사회가 생각했던 기간보다 더 오래 지속하고 있다.

2019년 6월 고2

★ factory ☐ ☐ ☐

공장

JiHyung's grandparents owned a car <u>factory</u> a decade ago.

지형이의 조부모는 십 년 전에 자동차 공장을 소유했었다.

2017년 6월 고1

⭐ imprecise ☐ ☐ ☐

정확하지 않은, 불명확한

Yesterday's headline on the news turned out to be <u>imprecise</u>.

어제 뉴스의 표제는 정확하지 않은 것으로 드러났다.

2017년 9월 고1

⭐ earn ☐ ☐ ☐

벌다, 얻다

SeoHee was the first to <u>earn</u> a degree in her family.

서희는 가족 중에서 첫 번째로 학위를 얻었다.

2014년 9월 고2

⭐ regarding ☐ ☐ ☐

~에 관하여, ~에 대하여

There will be no further annoucements <u>regarding</u> the expulsion of board members. 🐾

더 이상 이사회 구성원들의 퇴출에 대한 발표는 없을 것이다.

2017년 9월 고2

⭐ removal ☐ ☐ ☐

제거, 지움, 삭제

The <u>removal</u> of the old couch in the living room makes it look much better.

오래된 소파를 없애는 것이 거실을 더 보기 좋게 만들었다.

2015년 6월 고1

★ presentation   □ □ □

발표, 제출, 증정

SuJeong was on her phone while ChaeHyun was doing her <u>presentation</u>.

채현이가 발표를 하는 동안 수정이는 계속 핸드폰만 보고 있었다.

2016년 6월 고1

★★ conclude   □ □ □

결론을 내리다, 끝내다

The deans of the university <u>concluded</u> that DaOn need not to be expelled.

대학교의 학과장들은 다온이가 퇴학을 당하지 않아도 된다고 결론을 내렸다.

2016년 9월 고2

Day 02

raw

demonstration

plant

satisfy

gym

distinct

norm

disagreement

Interestingly

investor

essentially

toddler

reasonable

newly

principal

아는 단어가 있나요? 뜻을 적어보세요

lesson

wishful

exert

original

extreme

widespread

occupy

unrivaled

revival

submission

necessity

weight

creative

particular

mystery

Day 02

★ **raw** ☐ ☐ ☐

날것의, 익히지 않은, 가공되지 않은

Feeding <u>raw</u> octopus to children who can barely chew seems dangerous.

잘 씹지 못하는 아이들에게 익히지 않은 문어를 먹이는 것은 위험하다.

2015년 9월 고1

★ **demonstration** ☐ ☐ ☐

설명, 시범

HaeNa does not need <u>demonstration</u> of how to put dishes in the dish washer.

해나는 식기 세척기 안에 접시 넣는 것에 대한 시범을 보여 주지 않아도 된다.

2016년 9월 고1

★ **plant** ☐ ☐ ☐

식물, 초목, 심다

SeoHee's wish is to <u>plant</u> as many trees as possible in her backyard.

서희의 바람은 그녀의 뒷마당에 심을 수 있는 최대한의 나무들을 심는 것이다.

2017년 6월 고1

★★ **satisfy** ☐ ☐ ☐

만족시키다

Everyone was <u>satisfied</u> of SeungHwan's performance except for his parents.

승환이의 공연을 보고 그의 부모님을 제외한 모두가 만족했다.

2016년 9월 고1

★ gym ☐ ☐ ☐

체육관

Very few people use the shower at the <u>gym</u> after working out.

운동하고 나서 체육관 샤워실을 사용하는 사람들은 몇 안 된다.

2014년 9월 고2

★ distinctly ☐ ☐ ☐

구별되는, 뚜렷한, 분명한

SeungHwan's answer to the question was <u>distinctly</u> compared to his peers.

질문에 대한 승환이의 대답은 다른 친구들에 비해 뚜렷하게 비교된다.

2016년 9월 고2

★ norm ☐ ☐ ☐

표준, 일반적인 것

Witnessing fights on the streets on a first Friday is a <u>norm</u> around this town.

매달 첫 번째 금요일마다 싸움을 목격하는 것은 이 도시에서 일반적이다.

2019년 6월 고2

★ disagreement ☐ ☐ ☐

의견 충돌, 논쟁

<u>Disagreements</u> between the parents should not have a toll on the kids.

부모 사이의 의견 충돌이 아이들에게 타격을 주어서는 안 된다.

2017년 6월 고2

⭐ interestingly ☐ ☐ ☐

흥미롭게도

Votes were equal for all the candidates, <u>interestingly</u>.

흥미롭게도, 후보자들이 받은 득표수는 모두 동일했다.

2015년 6월 고1

⭐ investor ☐ ☐ ☐

투자자

Mark a good impression at the meeting with the <u>investors</u> today.

오늘 회의에서 투자자들에게 좋은 인상을 남겨라.

2016년 6월 고1

⭐ essentially ☐ ☐ ☐

근본적으로, 기본적으로

<u>Essentially</u>, flour is added but other ingredients may be used.

기본적으로 밀가루가 추가로 들어가지만 다른 재료를 사용해도 된다.

2019년 6월 고2

⭐ toddler ☐ ☐ ☐

걸음마를 배우는 아이, 유아기

Videos of <u>toddlers</u> playing with dogs are going viral on the internet.

유아기의 아이들이 강아지와 노는 영상들이 인터넷상에서 유명해지고 있다.

2014년 9월 고1

★★ reasonable   ☐ ☐ ☐

타당한, 합당한

It is a <u>reasonable</u> price considering the quality of the product.

제품의 가치를 생각해보면 이 가격은 타당한 가격이다.

2018년 6월 고2

★ newly   ☐ ☐ ☐

최근에, 새로

<u>Newly</u> built apartments are selling at a high price.

최근에 지어진 아파트들은 높은 가격에 팔리고 있다.

2014년 9월 고1

★ principal   ☐ ☐ ☐

주요한, 주된, 학장, 총장

The <u>principal</u> of JiHyung's elementary went to prison for looting the tuition.

지형이의 초등학교 교장선생님은 등록금을 횡령한 죄로 감옥에 갔다.

2017년 6월 고1

★ lesson   ☐ ☐ ☐

수업, 가르침, 교훈

A week in prison will teach RaOn a <u>lesson</u> not to steal again.

라온이에게 일주일간의 수감생활은 더 이상 훔치면 안 된다는 교훈을 줄 것이다.

2018년 9월 고1

★ wishful ☐ ☐ ☐

갈망하는, 소원하는

That is just a <u>wishful</u> way of my life.

그것은 단지 내 삶의 소원하는 방식이다.

2018년 9월 고1

★ exert ☐ ☐ ☐

가하다, 행사하다

<u>Exerting</u> violence of any kind will not be tolerated in this house.

어떠한 폭력의 행사도 이 집에서 용인되지 않을 것이다.

2015년 6월 고2

★ original ☐ ☐ ☐

본래의, 원본의, 독창적인

Korean dramas are not <u>original</u>, they all have the same storyline.

한국 드라마들은 독창적이지 못하고 항상 똑같은 이야기가 전개된다.

2016년 6월 고1

★ extreme ☐ ☐ ☐

극도의, 극심한, 지나친

JunHo went to do <u>extreme</u> sports, leaving his parents concerned.

준호는 부모님에게 걱정을 끼친 채 위험천만한 운동을 하러 갔다.

2018년 6월 고1

★★ widespread □ □ □

널리 퍼진, 광범위한

Within two days the disease was <u>widespread</u>, making it impossible to contain.

불과 이틀 만에 질병은 광범위하게 퍼졌고, 더 방지 못 하게 만들었다.

🐾 2015년 6월 고2

★ occupy □ □ □

차지하다, 사용하다

As soon as SuJeong left for college, her room was <u>occupied</u> by her sister.

수정이가 대학 입학을 위해 떠나자마자, 그녀의 방은 여동생의 차지가 되었다.

2018년 9월 고2

★ unrivaled □ □ □

무적의, 경쟁자가 없는

The fighter remained <u>unrivaled</u> for decades.

이 권투 선수는 수십 년 동안 경쟁자가 없었다.

2019년 6월 고1

★ revival □ □ □

회복, 부활

Everyone was glad to see DaOn's <u>revival</u> after the big accident.

모든 사람은 다온이가 큰 사고 후에 회복된 것을 보고 기뻐했다.

2017년 6월 고1

★ submission

순종, 복종

Slaves were to show <u>submission</u> toward their master in ancient times.

오래전에 노예들은 그들의 주인에게 복종해야만 했다.

2018년 6월 고2

★★ necessity

필요, 필수품

Take only the <u>necessities</u> and leave everything else in the room.

주요 필수품만 챙기고 나머지의 것들은 그냥 이 방에 놔둬라.

2015년 6월 고1

★ weight

무게, 체중

Stretch the muscles before lifting <u>weights</u> to prevent straining.

무거운 무게를 들기 전에, 근육의 손상을 방지하기 위해 스트레칭을 해라.

2016년 6월 고1

★★ creative

독창적인, 창의적인

<u>Creative</u> ideas are welcomed in writing a new script.

새로운 대본은 쓸 때 독창적인 아이디어는 환영받는다.

2017년 6월 고1

★ **particular** ☐ ☐ ☐

특정한, 특별한

There are <u>particular</u> objects that are illegal to carry in a carry-on bag.

기내에 들고 가는 가방 안에는 들고 가면 법에 어긋나는 특정한 물품들이 있다.

2016년 6월 고1

★ **mystery** ☐ ☐ ☐

수수께끼, 신비, 불가사의

The detective tried to solve the <u>mystery</u> of the missing child.

그 탐정은 사라진 아이에 관한 불가사의를 해결하려고 노력했다.

2017년 9월 고1

Day 03

wipe

mobilize

impact

pin

autonomous

appreciation

reliable

imply

gift

roar

involve

symbolic

justice

irony

arrangement

🐾 아는 단어가 있나요? 뜻을 적어보세요

advocate

claim

panic

season

pre-modern

commercially

frontiersman

negativity

medication

senior

gather

assert

maintain

behave

compliment

Day 03

★ wipe ☐ ☐ ☐

닦다, 지우다

<u>Wipe</u> off all the makeup before going to bed for healthy skin.

건강한 피부를 위해 잠을 자러 가기 전에 모든 화장을 지워라.

2019년 6월 고1

★ mobilize ☐ ☐ ☐

동원하다

SuJeong <u>mobilized</u> a group of people to advertise the new product.

수정은 새로운 물건을 홍보하기 위한 집단에 사람들을 동원했다.

2015년 9월 고2

★★★ impact ☐ ☐ ☐

영향, 충격

Even though the performance was short, the <u>impact</u> lasted for a long time.

공연은 짧았음에도 불구하고 사람들에게는 긴 시간 동안 영향을 주었다.

2017년 6월 고1

★ pin ☐ ☐ ☐

핀, 고정시키다 , 못 움직이게 하다.

They <u>pinned</u> down the thief and retrieved the stolen wallet.

그들은 도둑을 못 움직이게 만들고, 도난당한 지갑을 회수했다.

2018년 9월 고1

★ autonomous ☐ ☐ ☐

자주적인, 자율적인

HaeNa is not manipulated by anyone because she is <u>autonomous</u>.

해나는 자주적이어서 다른 사람들에게 조종당하지 않는다.

2017년 9월 고2

★ appreciation ☐ ☐ ☐

감사, 가치 상승

ChaeHyun posted a birthday <u>appreciation</u> post on her social media.

채현은 그녀의 소셜 미디어에 생일을 감사하는 글을 올렸다.

2015년 6월 고1

★ reliable ☐ ☐ ☐

신뢰할 수 있는, 믿을 만한

Use <u>reliable</u> resources for background research before writing an article.

기사를 쓰기 전에 조사할 때에는 신뢰할 수 있는 자료들을 사용해라.

2019년 6월 고1

★ imply ☐ ☐ ☐

암시하다, 의미하다

The answer to the question was <u>implied</u> in the paragraph.

질문에 대한 답은 문단 안에 암시되어 있었다.

2016년 9월 고1

★ gift □ □ □

선물, 기증품, 재능, 재주

There is no other way of explaining this other than that baby is <u>gifted</u>.

이 아기가 재능이 있다는 사실 이외에는 이 상황을 이해하기 어렵다.

2016년 6월 고1

★ roar □ □ □

으르렁거리다, 고함치다

Remember to run back to the car when the lion starts to <u>roar</u>.

사자가 으르렁거리기 시작하면 차로 뛰어가는 것을 잊지 말자.

2017년 9월 고1

★★★ involve □ □ □

수반하다, 연루시키다, 참여시키다

Raising a baby <u>involves</u> sleepless nights, constant diaper change and many more.

아기를 키우는 것은 밤을 새움과 계속 기저귀 가는 것 그리고 기타 많은 것들을 수반한다.

2018년 9월 고1

★ symbolic □ □ □

상징적인, 상징하는

50 stars on the American flag is <u>symbolic</u> for the 50 states in the US.

미국 국기에 있는 50개의 별은 50개의 주를 상징한다.

2014년 6월 고2

★ justice
□ □ □

정의, 공정성, 정당성

Fighting for <u>justice</u> is not an easy task but an important one.

정의를 위해 싸우는 일은, 쉽지 않지만 중요한 싸움이다.

2017년 9월 고2

★ irony
□ □ □

역설, 반어법

The <u>irony</u> of the situation was DaOn trashing the streets while talking about saving the environment.

이 상황의 역설적인 점은 다온이가 환경을 보호한다고 말함과 동시에 쓰레기를 거리에 버린 것이다.

2014년 9월 고2

★ arrangement
□ □ □

준비, 마련, 방식, 배열

<u>Arrangement</u> for a meeting between the two parties was made by the assistant.

두 정당 사이에 마련된 회의는 조수가 만들었다.

2014년 9월 고1

★ advocate
□ □ □

옹호자, 지지자, 변호사, 지지하다

SeoHee's passion is <u>advocating</u> the victims and fighting for justice.

서희의 열정은 피해자들을 지지하고 정의를 위해 싸우는 것에 있다.

2014년 9월 고1

★★ claim □ □ □

주장하다, 비난하다, 호소하다.

Despite the apparent DNA match, the mother <u>claimed</u> he was not her son.

분명한 DNA의 결과에도, 엄마는 그녀의 아들이 아니라고 호소했다.

2016년 9월 고1

★ panic □ □ □

공황, 겁에 질려 어쩔 줄 모르다

Some people <u>panic</u> when they see dogs regardless of their size.

어떠한 사람들은 강아지들의 크기에 관계없이 마주치면 겁에 질려 어쩔 줄 모른다.

2016년 6월 고1

★ season □ □ □

계절, 철(시즌), 양념하다

Certain fruits only come out when they are in <u>season</u>.

어떠한 과일들은 과일 철에만 생산된다.

2018년 6월 고1

★ pre-modern □ □ □

근대 이전의, 전근대적인

A thrift shop near the playground sells clothes from the <u>pre-modern</u> era.

놀이터 근처에 있는 중고 숍은 근대 이전의 옷들을 판매한다.

2016년 9월 고2

★ commercially □ □ □

상업적으로, 통상상

It is not for daily use rather to be used <u>commercially</u>.

이것은 일상의 용도가 아니라 상업적으로 사용되는 것이다.

2016년 9월 고2

★ frontiersman □ □ □

개척자

Wax sculptures of <u>frontiersman</u> in the museum are displayed in the museum.

왁스로 만들어진 개척자의 조각들은 박물관에 진열되어 있다.

2015년 9월 고2

★ negativity □ □ □

부정적 성향

Why is there so much <u>negativity</u> when there is so much to be happy about?

기뻐할 것들이 이렇게 많은데, 왜 부정적인 것들이 많은가?

2014년 9월 고2

★ medication □ □ □

약, 처방 한 약

Doctors are not always right when they say <u>medication</u> will heal everything.

의사들이 처방한 약이 모든 것을 치료해 준다는 말은 항상 맞는 말은 아니다.

2017년 6월 고2

★ senior □ □ □

선배의, 고위의, 연장자, 학교의 마지막 학년

Are there any advice for the starting freshmans from the <u>seniors</u>?

마지막 학년 선배들 중에 신입생들을 위한 조언을 해 줄 사람?

2017년 9월 고1

★★ gather □ □ □

모으다, 모이다, 수집하다

<u>Gather</u> around in circle and there is something JiHyung wants to show.

지형이가 보여 줄 것이 있으니 원으로 모이세요.

2019년 6월 고1

★ assert □ □ □

주장하다, 확고히 하다

The professor <u>asserted</u> to the students that they needed to focus more during class.

교수님은 학생들에게 수업 시간에 더 집중을 해야 한다고 주장했다.

2018년 6월 고1

★ maintain □ □ □

유지하다, 부양하다

Even when SuJeong was pregnant, she <u>maintained</u> her 9 to 5 job.

수정은 임신했을 때도 9시부터 5시까지의 일을 유지했다.

2017년 9월 고1

★ behave □ □ □

예의 바르게 행동하다

Please promise to <u>behave</u> when the company officials arrive.

회사의 공식적인 사람들이 도착하면 예의 바르게 행동하겠다고 약속해 주세요.

🐾 2018년 9월 고2

★ compliment □ □ □

칭찬, ~을 증정하다

There was a never ending <u>compliment</u> from the people who watched ChaeHyun come in first place.

채현이가 일등으로 들어온 것을 본 사람들의 끊임없는 칭찬이 있었다.

2016년 9월 고1

Day 04

self-confidence

conclusion

failing

efficient

short run

superiority

slight

normal

reframe

fade

humanity

coast

mislead

directly

accessible

🐾 아는 단어가 있나요? 뜻을 적어보세요

piecework

rest home

unpleasant

weapon

provide

venture

risk

yard

indicator

likable

freelancer

transferable

exhale

pride

paradoxically

Day 04

★ self-confidence

☐ ☐ ☐

자신감

Finding <u>self-confidence</u> is the most important part in developing for the better as a person.

자신감을 찾는 것은 더 좋은 사람으로 발전하는 데 가장 중요하다.

2017년 9월 고2

★ conclusion

☐ ☐ ☐

최종적인 판단, 결론

No need to drag out how the procedure went, just announce what the <u>conclusion</u> is.

어떻게 진행되었는지 계속 말할 필요는 없고, 빨리 결론을 얘기해라.

2016년 9월 고1

★ failing

☐ ☐ ☐

결점, 결함

Everything looks fine from the outside but looking closely from the inside there are <u>failings</u>.

밖에서 보면 모든 것이 괜찮아 보이지만 자세히 안에서 보면 결점들이 있다.

2014년 6월 고2

★ efficient

☐ ☐ ☐

효율적인, 효과적인

Reading a book while waiting for the subway is an <u>efficient</u> way of spending time.

지하철을 타는 동안 책을 읽는 것은 시간을 효율적으로 보내는 방법이다.

2016년 9월 고2

★ **short run** ☐ ☐ ☐

단기간의

Studying last minute works in a <u>short run</u> but not in a long run.

막판에 공부하는 것은 단기간에는 효과가 있지만 지속적이지는 않다.

2015년 9월 고2

★ **superiority** ☐ ☐ ☐

우월성, 우세, 거만함

There is not one race that holds <u>superiority</u> over another one.

어떠한 인종도 다른 인종들보다 우월하지 않다.

2016년 9월 고2

★ **slight** ☐ ☐ ☐

약간의, 조금의, 경미한

<u>Slight</u> dent is present but it does not cause any harm.

조금의 훼손은 있지만 아무런 피해를 주지는 않는다.

2019년 6월 고1

★ **normal** ☐ ☐ ☐

평범한, 정상적인

What seems <u>normal</u> in DaOn's eyes may not seem normal to SeoHee's eyes.

다온이에게 정상적으로 보이는 것이 서희에게는 평범하지 않을 수 있다.

2018년 6월 고1

041

★ reframe ☐ ☐ ☐

재구성하다

To accurately find out what happened, the crime scene was <u>reframed</u>.

정확하게 무슨 일이 일어났는지 알아보기 위해서 범죄 현장은 재구성되었다.

2019년 6월 고2

★ fade ☐ ☐ ☐

희미해지다, 바래다

It is not unusual for antiques to have their colors <u>fade</u>.

오래된 가구들의 색깔이 바래는 것은 이상한 것이 아니다.

2015년 9월 고2

★ humanity ☐ ☐ ☐

인류, 인간성, 인문학

SuJeong decided to take <u>humanity</u> class as an elective to fill her credits needed.

수정은 필요한 학점을 맞추기 위해 인문학 강의를 선택과목으로 듣기로 했다.

2014년 9월 고2

★ coast ☐ ☐ ☐

해안, 움직이다(coasted)

Walking along the <u>coast</u> and watching the sunset is an wonderful experience.

해안을 따라 걸으면서 해가 지는 것을 바라보는 것은 놀라운 경험이다.

2016년 9월 고2

★★ mislead ☐ ☐ ☐

오해시키다, 잘못 인도하다

According to the rumors, ChaeHyun got fired for <u>misleading</u> her group of students.

소문에 따르면 채현은 학생들을 잘못 지도하여 해고당했다.

2019년 6월 고1

★ directly ☐ ☐ ☐

직접적으로, 곧장

Educate the children not to stare <u>directly</u> at the sun since it can damage their eyes.

눈에 피해가 갈 수 있으므로 해를 직접적으로 바라보지 않도록 아이들을 교육해라.

2015년 9월 고1

★ accessible ☐ ☐ ☐

접근 가능한, 이해하기 쉬운, 편한

All of the materials needed are <u>accessible</u> to everyone in near by stores.

필요한 모든 준비물은 근처 가게에서 구할 수 있다.

2014년 9월 고2

★ piecework ☐ ☐ ☐

삯일, 도급 일

The instruction says that the workers can take their <u>piecework</u> to home.

설명서에 따르면 일하는 사람들이 각자의 삯일을 집으로 가져갈 수 있다.

2014년 9월 고1

★ rest home ☐ ☐ ☐

요양소

There is an opportunity for DaOn to volunteer at the <u>rest home</u> if she is willing to.

다온이가 하고 싶다면 요양소에서 봉사할 기회가 있다.

2018년 6월 고1

★★ unpleasant ☐ ☐ ☐

불쾌한

<u>Unpleasant</u> smell is coming through the vent from the other room.

불쾌한 냄새가 다른 방의 환풍구를 통해 들어온다.

2016년 9월 고1

★ weapon ☐ ☐ ☐

무기

<u>Weapons</u> of any kind are strictly prohibited in this country.

어떠한 종류의 무기인지를 막론하고 이 나라에서는 엄격히 금지된다.

2014년 9월 고2

★★ provide ☐ ☐ ☐

제공하다

He always <u>provided</u> us with food and shelter.

그는 항상 우리에게 음식과 쉴만한 공간을 제공했다.

2016년 9월 고1

⭐ venture

☐ ☐ ☐

모험, 과감히 말하다

SeoHee needs to <u>venture</u> more if she wants to get out of her comfort zone.

서희는 그녀의 일상적인 생활에서 벗어나고 싶다면 모험을 떠나야 한다.

2019년 6월 고2

⭐⭐ risk

☐ ☐ ☐

위험, 위험 요소

For SeungHwan's grandfather to be where he is now, he had to take <u>risks</u> countless times.

승환의 할아버지가 지금 있는 곳에 도달하기까지는 많은 위험 요소들을 겪어야 했다.

2016년 6월 고1

⭐ yard

☐ ☐ ☐

마당, 뜰

This years BBQ party will be held at JiHyung's back<u>yard</u>.

올해의 바비큐 파티는 지형이의 뒷마당에서 열린다.

2017년 9월 고1

⭐ indicator

☐ ☐ ☐

지표, 방향 표시등

The red dot on the map is an <u>indicator</u> of where RaOn's dog is.

지도에 있는 빨간 점은 라온이 강아지의 위치 지표이다.

🐾 2014년 6월 고2

★ likable ☐ ☐ ☐

호감이 가는, 마음에 드는

It is surprising that SuJeong dislikes this model since it's known for being <u>likable</u> by all age.

이 모델은 모든 연령대가 마음에 들어 하는 모델인데, 수정이가 싫어한다는 것이 놀랍다.

2018년 9월 고2

★ freelancer ☐ ☐ ☐

프리랜서

Being a <u>freelancer</u>, time management skill is very important to be successful.

프리랜서로 활동하면서 시간 관리 기술은 성공하는 데 엄청 중요하다.

2018년 9월 고1

★ transferable ☐ ☐ ☐

이동 가능한, 전달 가능한

It is <u>transferable</u> so tell JunHo to hand it to the next person on the list when he is done.

그것은 전달이 가능하니 준호에게 끝나면 다른 사람에게 전해 주라고 말해라.

2019년 6월 고2

★ exhale ☐ ☐ ☐

숨을 내쉬다, 내뿜다

Inhale through the nose and <u>exhale</u> through the mouth to calm the nerves.

코를 통해 숨을 들이마시고 입을 통해 숨을 내쉬는 것은 신경을 진정시켜 준다.

2014년 6월 고2

★ pride ☐ ☐ ☐

자부심, 긍지, 자랑거리

SuJeong takes <u>pride</u> in cooking all kinds of food from scratch.

수정은 모든 음식의 재료들을 직접 만들어서 요리한다는 것에 자부심을 느낀다.

2015년 6월 고2

★ paradoxically ☐ ☐ ☐

역설적으로, 역설적이지만

<u>Paradoxically</u>, the brothers started fighting as soon as their parents complemented on behaving well.

역설적이게도, 부모님이 형제들이 예의 바르게 행동한다고 칭찬함과 동시에 형제들은 싸우는 것이다.

2017년 6월 고2

Day 05

accommodate

unoccupied

counterpart

mention

succeed

progress

possible

thus

scientific

industrial

factor

special

suspicion

trait

behaviorist

✿ 아는 단어가 있나요? 뜻을 적어보세요

reflection

landscape

conspicuous

come over

overwhelm

anticipation

branded

faithful

amount

discount

distant

fresh

collection

cell

dictate

049

★ accommodate ☐ ☐ ☐

공간을 제공하다, 수용하다, 맞추다

We will <u>accommodate</u> the designs as needed for our prospective buyer.

우리는 잠재 고객들의 필요에 따라 디자인에 맞출 것이다.

2017년 6월 고2

★ unoccupied ☐ ☐ ☐

비어 있는, 점령되지 않은

That position has been <u>unoccupied</u> for several months, someone needs to talk to the CEO.

저 직책이 몇 달간 비어 있다고 누군가 사장님에게 말해야 한다.

2017년 9월 고1

★ counterpart ☐ ☐ ☐

부본, 외짝, 상대편

That looks like a <u>counterpart</u> for a drawer lying in the middle of the road.

저 도로 중간에 놓여 있는 것은 서랍의 부본처럼 보인다.

2015년 6월 고2

★ mention ☐ ☐ ☐

말하다, 언급하다

Did ChaeHyun <u>mention</u> that she got promoted from a nurse to a head nurse?

채현이가 간호사에서 수간호사로 승진됐다는 거 말했니?

2014년 9월 고1

★ succeed ☐ ☐ ☐

성공하다, 물려받다, 뒤를 잇다

HaeNa will <u>succeed</u> after her father when he decides to retire from the business.

해나는 아버지가 은퇴하면 아버지의 길을 물려받아 일할 것이다.

2014년 6월 고1

★ progress ☐ ☐ ☐

진전, 나아가다

Nothing beats the feeling of being able to see the <u>progress</u> made over the year.

일 년 넘게 일한 결과의 진전을 볼 때의 기분보다 더 좋은 것은 없다.

2017년 6월 고1

★ possible ☐ ☐ ☐

가능한

What made the success <u>possible</u> was not luck but hard work and dedication.

성공을 가능하게 한 것은 운이 아니라 근면과 성실이다.

2019년 6월 고1

★ thus ☐ ☐ ☐

이렇게 하여, 따라서, 그러므로

The meetings is over, <u>thus</u> no farther questions will be answered.

회의가 종료됨에 따라 더 이상의 질문들은 받지 않겠다.

2016년 9월 고2

★ scientific ☐ ☐ ☐

과학적인

Provide <u>scientific</u> background information so SeungHwan understands.

승환이가 이해할 수 있게 과학적인 배경 설명을 제공해라.

2014년 6월 고1

★ industrial ☐ ☐ ☐

산업의, 공업의

Almost every history book contains information about the <u>industrial</u> revolution.

거의 모든 역사책에는 산업 혁명의 정보가 들어가 있다.

2017년 6월 고1

★★ factor ☐ ☐ ☐

요인, 인수, 양(비율)

The design praised by the people turned out to be the main <u>factor</u> of environment pollution.

모든 사람의 칭찬을 받았던 디자인이 환경오염의 주요인이었다는 사실이 밝혀졌다.

2015년 6월 고2

★ special ☐ ☐ ☐

특별한

A <u>special</u> proposition was made to JiHyung and no one knew about it until now.

특별한 제안이 지형이에게 제안됐는데 다른 사람들은 지금까지 몰랐다.

2019년 6월 고1

★ suspicion ☐ ☐ ☐

의혹, 의심

The longer RaOn keeps his mouth shut, the more <u>suspicion</u> will grow on him.
라온이 아무 말도 안 할수록 더 많은 의심이 그를 향할 것이다.

2016년 9월 고2

★ trait ☐ ☐ ☐

특성, 특징, 특질, 성향

There are many <u>traits</u> that needs to be recognized and to be changed for the better.
더 나은 발전을 위해 바뀌어야 할 특성들이 엄청 많다.

2019년 6월 고1

★ behaviorist ☐ ☐ ☐

행동주의자, 행동주의 심리학자

<u>Behaviorists</u> believe there is a motivation and a reason for every behavior exerted.
행동주의자들은 모든 드러나는 행동 이면에는 동기와 이유가 있다고 믿는다.

2014년 6월 고2

★ reflection ☐ ☐ ☐

반사, 반성, 숙고

Some dogs will start barking when they see a <u>reflection</u> of themselves in the mirror.
어떠한 강아지들은 거울에 반사된 자신의 모습을 보면 짖기 시작한다.

2018년 9월 고2

★ landscape ☐ ☐ ☐

풍경, 경치, 지형

The Starry Night is one of the most well known <u>landscape</u> art by Van Gogh.

별이 빛나는 밤은 고흐가 그린 풍경화 그림 중에서 가장 유명한 그림이다.

2016년 9월 고1

★ conspicuous ☐ ☐ ☐

눈에 잘 띄는, 뚜렷한

No matter how hard JunHo tried to hide, his blonde hair made him <u>conspicuous</u>.

준호가 아무리 숨으려고 노력해도 그의 금발 머리가 그를 눈에 잘 띄게 했다.

2014년 9월 고2

★ come over ☐ ☐ ☐

(거리를) 오다, (기분이) 갑자기 들다

Feeling of worry <u>came over</u> when SuJeong witnessed a cat shivering in the middle of the road.

수정이는 도로 위에서 떠는 고양이를 본 순간 갑자기 걱정이 들었다.

2018년 6월 고1

★ overwhelm ☐ ☐ ☐

압도하다, 제압하다

The housekeelpers are <u>overwhelmed</u> by never-ending lists of things to do.

리스트에 적혀 있는 끝없는 일들이 가정부를 압도했다.

2014년 9월 고2

★ anticipation ☐ ☐ ☐

기대, 고대, 예상

The whole room was filled with <u>anticipation</u> of winning when watching the soccer game.

축구게임을 보며 방 전체는 우승의 기대로 휩싸여 있었다.

2015년 9월 고1

★ branded ☐ ☐ ☐

상표의, 낙인이 찍힌

If looked closely, <u>branded</u> cows have white spots on their tails while the unbranded do not.

가까이서 보면 낙인이 찍힌 소들은 꼬리에 하얀색 점들이 있지만,

낙인이 찍히지 않은 소들에게는 점들이 없다.

2014년 9월 고2

★ faithful ☐ ☐ ☐

충실한, 충직한

ChaeHyun found out how <u>faithful</u> HaeNa was.

채현은 해나가 얼마나 충직한지 깨달았다.

2014년 6월 고2

★ amount ☐ ☐ ☐

양

Make sure it is the right <u>amount</u> before putting it out for delivery.

배달하러 가기 전에 양이 정확한지 확인해야 한다.

2015년 9월 고1

⭐ discount   ☐ ☐ ☐

할인하다, 무시하다

Just because SeoHee is younger than them does not mean they can <u>discount</u> her.

서희가 어리다는 것만으로 그들이 서희를 무시하는 것은 옳지 않다.

2016년 6월 고1

⭐ distant   ☐ ☐ ☐

먼, 떨어져 있는

It is the only time of the year where <u>distant</u> cousins gather around and celebrate.

멀리 떨어져 있는 사촌들이 모여서 축하할 수 있는 날은 오직 이 시기뿐이다.

2016년 9월 고1

⭐ fresh   ☐ ☐ ☐

신선한, 새로운

DaOn saw many <u>fresh</u> faces going to school after the summer break. 🐾

다온이는 여름방학이 끝난 후 학교에 가서 새로운 얼굴들을 많이 보았다.

2014년 9월 고2

⭐ collection   ☐ ☐ ☐

수집품, 무리

This <u>collection</u> of old coins is incredible and unique.

오래된 동전 수집품은 훌륭하고 독특하다.

2018년 9월 고1

★ cell ☐ ☐ ☐

세포, 감방

The court ordered the two criminals to use the same <u>cell</u> for a year.

법원은 두 명의 범죄자에게 일 년 동안 같은 감방을 쓰라고 명령했다.

2017년 9월 고1

★ dictate ☐ ☐ ☐

지시하다, ~를 좌우하다, 받아쓰게 하다

The success or not <u>dictates</u> whether HaeNa gets promotion as a CEO.

성공하느냐 마느냐가 해나가 새로운 차를 선물로 받을지를 좌우한다.

2014년 6월 고2

Day 06

eagerly

originate

wind

chamber

legitimate

undergo

lecture

categorize

sensitive

specifically

perform

outline

puddle

ache

apology

앜 아는 단어가 있나요? 뜻을 적어보세요

stiff

squeeze

beyond

thought

humble

relevant

interfere

enough

surgery

glow

predict

proclaim

huge

indicate

balance

Day 06

★ **eagerly** ☐ ☐ ☐

열망하여, 간절히

That one wish ChaeHyun <u>eagerly</u> wished for a year finally came true.

채현이가 간절히 바라던 하나의 소원이 이번 연도에 드디어 이루어졌다.

2014년 9월 고1

★ **originate** ☐ ☐ ☐

유래하다, 비롯되다

Does anyone know where treadmill <u>originated</u> from?

러닝머신이 어디서 유래되었는지 아는 사람 있어요?

2014년 6월 고2

★ **wind** ☐ ☐ ☐

바람, 감다, 구불구불하다

Slow down when driving on a <u>winded</u> road to prevent an accident.

구불구불한 길을 운전할 때는 사고를 방지하기 위해 속도를 줄여야 한다.

2015년 6월 고2

★ **chamber** ☐ ☐ ☐

지하실, 방

While looking around a prospective new house, ChaeHyun came across a locked <u>chamber</u>.

새로 살 가능성이 있는 집을 둘러보다가 채현은 잠긴 지하실 방을 발견했다.

2019년 6월 고2

★ legitimate ☐ ☐ ☐

정당한, 타당한, 합법적인

The excuse SuJeong gave seems <u>legitimate</u> and believable.

수정이가 제시한 해명은 타당하고 믿을 만해 보인다.

2015년 9월 고2

★ undergo ☐ ☐ ☐

겪다, 경험하다

After <u>undergoing</u> that experience, it taught JunHo not to neglect but to appreciate what he has.

그 사건을 겪고 난 후 준호는 자신이 가진 것들을 무시하지 않고 감사해야 한다는 교훈을 얻었다.

2019년 6월 고1

★ lecture ☐ ☐ ☐

강의, 강연, 잔소리

The professor gives out all the important information during the <u>lecture</u>.

교수님은 강의 도중에 가장 중요한 정보를 전달해 준다.

2014년 6월 고2

★ categorize ☐ ☐ ☐

분류하다

<u>Categorize</u> all the clothes that people donated by color.

사람들이 기부한 옷 전부를 색깔별로 분류해라.

2016년 6월 고1

★★ sensitive □ □ □

예민한, 세심한(감성적)

That topic is a very <u>sensitive</u> one to talk about around RaOn.

그 주제에 대한 이야기들은 라온 곁에서 이야기하기 예민한 것이다.

2019년 6월 고1

★ specifically □ □ □

구체적으로, 분명히

JiHyung <u>specifically</u> told the designers not to use the color blue on the furnitures.

지형은 디자이너들에게 파란색을 가구들에 쓰지 말라고 구체적으로 말했다.

2014년 9월 고1

★★ perform □ □ □

공연하다, 수행하다

Despite the injury, SeungHwan was able to <u>perform</u> the show as planned.

부상에도 불구하고 승환이는 공연을 계획한 대로 수행할 수 있었다.

2019년 6월 고2

★ outline □ □ □

윤곽, 개요

The task is very easy as long as RaOn follows the <u>outline</u> given.

그 업무는 라온이의 개요만 따라 한다면 매우 쉽다.

2018년 6월 고1

★ puddle ☐ ☐ ☐

웅덩이

Children love jumping in the <u>puddle</u> of rain and splashing water.

아이들은 비 웅덩이에서 뛰고 물 뿌리는 것을 정말 좋아한다.

2016년 9월 고2

★ ache ☐ ☐ ☐

아프다

To relieve the <u>ache</u>, take two tablets of Advil and take a nap.

아픈 것을 없애기 위해 Advil 두 개를 먹고 낮잠을 자라.

2015년 6월 고1

★ apology ☐ ☐ ☐

사과, 양해를 구하는 말

<u>Apology</u> won't do if the behavior stays the same and does not change for the better.

사과한 행동을 계속 반복하고 바뀌지 않으면 사과의 의미가 없다.

2015년 6월 고1

★ stiff ☐ ☐ ☐

뻣뻣한

Yoga is particularly effective for loosening up <u>stiff</u> muscles.

요가는 뻣뻣한 근육들을 유연하게 하는 데 특별히 유용하다.

2015년 9월 고2

⭐ squeeze ☐ ☐ ☐

쥐다, 짜다, 밀어 넣다

No toothpaste came out even though SeungHwan <u>squeezed</u> it as hard as he could.

승환이 온 힘을 다해 치약을 짜도 아무것도 나오지 않았다.

2016년 6월 고1

⭐⭐ beyond ☐ ☐ ☐

~저편에, ~이상

SeoHee's presentation about the experience she had been was <u>beyond</u> everyones' expectations.

서희가 경험한 일에 대한 발표는 모든 이의 예상을 뛰어넘었다.

2015년 9월 고1

⭐ thought ☐ ☐ ☐

생각, 사고

Just the <u>thought</u> of going out camping for a week made DaOn uncomfortable.

캠핑을 일주일 간다는 생각만으로도 다온이는 불편했다.

2014년 6월 고2

⭐ humble ☐ ☐ ☐

겸손한, 초라한

One of the HaeNa's qualities of being respected by the people is staying <u>humble</u>.

다른 사람의 존경을 받는 해나의 특징 중 하나는 겸손한 자세를 갖는 것이다.

2017년 9월 고2

★★ relevant □ □ □

관련 있는, 적절한

Sentencing 3 years in jail seem <u>relevant</u> for the crime he committed.

그가 저지른 범죄로 3년 동안 감옥에 가 있는 것은 적절해 보인다.

2017년 9월 고2

★ interfere □ □ □

간섭하다, 방해하다

In golf, players are not supposed to <u>interfere</u> with other players.

골프에서는 선수들이 다른 선수들 차례를 방해하면 안 된다.

2016년 9월 고1

★ enough □ □ □

충분한, 필요한 만큼

Four bags of chips are more than <u>enough</u> to snack on for the movie night.

과자 4봉지는 영화를 보며 간식으로 먹기에 충분히 많다.

2014년 6월 고1

★ surgery □ □ □

수술

JunHo fell asleep while waiting for SuJeong's 12 hour <u>surgery</u>.

준호는 수정이의 12시간 수술을 기다리는 동안 잠이 들었다.

2019년 6월 고1

★ glow □ □ □

빛나다

Drinking 2 liters of water every day made RaOn's skin <u>glow</u>.

2리터의 물을 매일 마시는 것이 라온이의 피부를 빛나게 만들었다.

2018년 9월 고2

★★ predict □ □ □

예상하다, 예측하다

By looking at the direction, JiHyung <u>predicted</u> he would be at the destination in 5 minutes.

안내를 보고 나서 지형이는 도착지에 5분 안에 도착하리라 예측했다.

2015년 9월 고1

★ proclaim □ □ □

선언하다, 명시하다

The school president <u>proclaimed</u> that whatever the students asked for, they were going to get.

학교 총장은 학생들이 무엇이든 원한다면 다 해 주겠다고 선언했다.

2018년 9월 고1

★ huge □ □ □

거대한, 막대한

Using makeup, the artists were able to cover up the <u>huge</u> scar on SeungHwan's forhead.

분장을 이용해서 아티스트들은 승환이의 이마에 있는 큰 상처를 가릴 수 있었다.

2014년 9월 고1

★★ indicate ☐ ☐ ☐

나타내다, 보여 주다, 가리키다

The flickering lights <u>indicated</u> that there were people walking across on the road ahead.
깜빡이는 불은 앞거리에 사람들이 걸어 다닌다는 것을 보여 주는 것이다.

★ balance ☐ ☐ ☐

균형

It is amazing how SeoHee can <u>balance</u> on the rope 5 feet above ground.
서희가 5피트 위의 줄에서 균형을 잡는다는 것이 엄청 놀랍다.

2019년 6월 고1

Day 07

barely

in spurts

setting

technology

overwhelmingly

lack

choir

unreal

master

likelihood

penicillin

actually

comfortable

surcharge

intersection

✿ 아는 단어가 있나요? 뜻을 적어보세요

irrelevant

expert

disconnect

management

cling

stuff

furious

accidental

attribution

globe

connectedness

defeat

forward

acclaim

preservation

★ **barely** ☐ ☐ ☐

간신히, 거의 ~아니게

DaOn <u>barely</u> had any time to get ready because she slept through her alarms.

다온은 알람이 울리는 것을 무시하고 계속 자서 준비할 시간이 거의 없었다.

2018년 9월 고1

★ **in spurts** ☐ ☐ ☐

여러 번에 걸쳐 힘껏

The rock barely moved an inch even after pushing it <u>in spurts</u>.

여러 번에 걸쳐 힘껏 옮겨도 돌은 잘 움직이지 않았다.

2017년 6월 고2

★ **setting** ☐ ☐ ☐

환경, 장소, 설정, 배경

The <u>setting</u> of the novel is based on the middle age europe.

그 소설의 배경은 중세유럽을 기초로 한다.

2015년 9월 고1

★★ **technology** ☐ ☐ ☐

기술, 장비, 기계

Development of <u>technology</u> happened not too long ago according to the book HaeNa read.

해나가 읽은 책에 따르면 기술의 발전은 생각보다 오래되지 않았다.

2014년 9월 고2

⭐ overwhelmingly

☐ ☐ ☐

압도적으로

ChaeHyun ran away after seeing her <u>overwhelmingly</u> scary looking opponent.

채현이는 무시무시하게 생긴 상대의 모습을 보고 도망쳤다.

2016년 9월 고2

⭐⭐ lack

☐ ☐ ☐

부족, 결핍

<u>Lack</u> of nutrition can increase the chance of catching disease.

영양 부족은 질병이 날 확률을 높인다.

2016년 9월 고1

⭐ choir

☐ ☐ ☐

합창단, 성가대

The church is opening an audition for 2 open spots for their <u>choir</u>.

교회는 그들의 합창단에 비어 있는 2명의 새로운 자리를 채우기 위해 오디션을 열고 있다.

2018년 6월 고1

⭐ unreal

☐ ☐ ☐

비현실적인

That is made up because newborn babies walking right away is <u>unreal</u>.

그 이야기는 만들어 낸 이야기이다. 왜냐하면 아기들이 태어나자마자 걷는다는 것은 비현실적이다.

2014년 9월 고2

★★ master ☐ ☐ ☐

능숙하게 하다, 익히다, 석사

Since the event is 3 days away, make sure that everyone in the group <u>mastered</u> the choreograph.

이벤트가 3일 뒤니까 모든 그룹의 사람들이 안무를 능숙하게 익혔는지 확인해라.

2018년 9월 고1

★ likelihood ☐ ☐ ☐

가능성, 확률, 가망

The <u>likelihood</u> of ChaeHyun going to space is similar to that of her running using her hands.

채현이가 우주에 갈 가능성은 그녀가 손으로 달리기를 할 확률과 비슷하다.

2016년 9월 고2

★ penicillin ☐ ☐ ☐

페니실린

Can you believe that <u>penicillin</u> was discovered accidentely, not on purpose?

페니실린이 의도적이 아니라 우연히 발견되었다는 사실을 믿을 수 있니?

2017년 6월 고2

★ actually ☐ ☐ ☐

실제로, 사실은, 정말로

<u>Actually</u>, what SuJeong said about the depreciation of stock market is true.

사실은, 수정이가 설명한 주식 마켓의 상태가 맞아.

2015년 9월 고1

⭐ comfortable ☐ ☐ ☐

안락한, 편안한

Camping out in the woods is never <u>comfortable</u> no matter how many times SuJeong goes.

수정이가 아무리 캠핑을 많이 가도 산속에서 하는 캠핑은 항상 그녀를 편안하지 못하게 한다.

2014년 9월 고2

⭐ surcharge ☐ ☐ ☐

추가 요금

Tell ChaeHyun there is going to be a <u>surcharge</u> of a dollar every hour if she does not move her car.

채현이가 차를 움직이지 않으면 시간마다 천 원이 추가 요금으로 부과된다고 전해라.

2018년 9월 고2

⭐ intersection ☐ ☐ ☐

차로, 교차 지점

Police officers were questioning the drivers one by one at the <u>intersection</u>.

경찰관들은 교차로에서 운전자들 한 명 한 명씩 심문했다.

2018년 9월 고2

⭐ irrelevant ☐ ☐ ☐

무관한, 관계가 없는, 상관없는

Don't try to get away with it by changing the subject to something that is <u>irrelevant</u>.

무관한 주제로 말을 바꾸면서 이 상황을 빠져나가려고 하지 마.

2015년 6월 고2

★★ expert

□ □ □

전문가

This is why it is better to call the <u>expert</u> on these things, it is too hard to fix.

이러한 것들을 고치기 어려워서 전문가를 불러야 하는 것이다.

2019년 6월 고2

★ disconnect

□ □ □

분리하다, 끊다

It seems like the router shut down, the internet says the WIFI is <u>disconnected</u>.

보기에는 중계기가 꺼진 거 같아, 인터넷에서 와이파이가 끊겼다고 메시지가 뜬다.

2016년 9월 고2

★ management

□ □ □

경영

Knowing the skills of business <u>management</u> will be helpful when looking for a job.

비즈니스 경영의 기술을 아는 것은 나중에 일을 찾을 때 도움이 될 것이다.

2016년 9월 고1

★ cling

□ □ □

매달리다, 달라붙다, 연연하다

Why are all the birds <u>clinging</u> to the tree branch right outside the house?

왜 모든 새가 집 앞에 있는 나뭇가지에 매달리고 있는 것이지?

2017년 9월 고1

⭐ stuff □ □ □

물건, 물질, 넣다, 채우다

<u>Stuff</u> all the cotton in the teddy bear to make it look fluffy.

푹신푹신해 보이도록 테디곰 인형 속에 솜을 채워 넣어.

2016년 9월 고2

⭐ furious □ □ □

몹시 화가 난, 분하다

The players were <u>furious</u> after being treated unfairly during the game.

선수들은 경기가 끝난 후 부당하게 대우받은 사실에 몹시 화가 났다.

2017년 9월 고1

⭐ accidental □ □ □

우연히, 우발적, 불시의

There was an <u>accidental</u> swap between the two babies at the hospital.

병원에서는 우연히 두 명의 아이가 바뀌었다.

2018년 9월 고2

⭐ attribution □ □ □

권능, 직권, 귀속

<u>Attribution</u> to publish this article is not on the company.

이 기사를 발행할 권리는 회사에 있지 않다.

2018년 9월 고1

★ globe ☐ ☐ ☐

지구의, 지구본, 세계

SuJeong pointed out where China is located on the <u>globe</u>.

수정은 지구본에서 중국이 있는 곳을 가리켰다.

2015년 6월 고1

★ connectedness ☐ ☐ ☐

소속감, 유대감

<u>Connectedness</u> can increase the productivity in a company.

유대감은 회사의 생산량을 증가시킬 수 있다.

2014년 9월 고2

★ defeat ☐ ☐ ☐

패배, 패배시키다

High intensity of past trainings helped the team <u>defeat</u> the opposing team with ease.

과거의 강한 연습들이 경기에서 상대 팀을 쉽게 패배시킬 수 있게 했다.

2019년 6월 고2

★ forward ☐ ☐ ☐

앞으로, 전달하다, 건방지다

ChaeHyun has a tendency to be overly <u>forward</u> when talking to others.

채현은 다른 사람들과 말할 때 너무 건방지게 말하는 경향이 있다.

2016년 6월 고1

★ **acclaim** □ □ □

찬사, 칭송하다

One does not <u>acclaim</u> Buddha in a church and Christ in a temple.

사람들은 부처님을 교회에서 칭송하지 않고 절에서 하나님을 칭송하지 않는다.

2014년 9월 고1

★ **preservation** □ □ □

보존, 유지, 보전

Help the <u>preservation</u> of historical sites by following the rules.

규칙에 따라 역사적인 장소들을 보전하는 것을 도와주세요.

2018년 9월 고2

Day 08

quest

ensure

release

artifact

implication

qualification

popularity

insider

empathy

position

guard

surveillance

professional

decisive

pursuit

🐾 아는 단어가 있나요? 뜻을 적어보세요

adventurous

unlimit

finding

analyze

roast

threaten

overjoyed

permanency

forbid

inform

available

absolute

briefly

flex

failure

079

Day 08

★★ **quest** ☐ ☐ ☐

탐색

A <u>quest</u> to find the treasure was interrupted when the alarm woke ChaeHyun up.

알람 소리가 채현이를 깨워서 그 보물을 찾기 위한 작업은 방해를 받았다.

2018년 6월 고2

★★ **ensure** ☐ ☐ ☐

보장하다

The treaty <u>ensured</u> peace between two countries.

이 조약은 두 국가 간의 평화를 보장했다.

2019년 6월 고1

★★ **release** ☐ ☐ ☐

풀어 주다, 놓아주다

After every round of fishing, HaeNa <u>releases</u> every fish she caught back to the sea.

해나는 낚시를 끝내고 붙잡은 물고기들을 바다로 항상 다시 놓아준다.

2019년 6월 고1

★ **artifact** ☐ ☐ ☐

인공물, 공예품

That <u>artifact</u> next to the building was made a decade ago by an well-known artist.

건물 옆에 있는 인공물은 십여 년 전에 유명한 미술가가 만들었다.

2019년 6월 고2

★ implication ☐ ☐ ☐

함축, 암시, 영향

It seems that whatever DaOn dreams, she believes as <u>implication</u> of what is going to happen.

다온이가 무슨 꿈을 꾸든 간에 그녀는 그 꿈들이 무언가를 암시한다고 믿고 있다.

2019년 6월 고1

★ qualification ☐ ☐ ☐

자격, 자질

No one that came to the audition fit the <u>qualification</u> posted online.

오디션에 온 모든 사람이 인터넷상에 공시되어 있는 자질에 맞지 않았다.

2015년 9월 고2

★ popularity ☐ ☐ ☐

인기

The <u>popularity</u> of the movie that just came out is unbelievable in China.

이번에 나온 영화의 중국에서의 인기는 상상도 할 수 없다.

2018년 9월 고2

★ insider ☐ ☐ ☐

내부자

Turns out that there was an <u>insider</u> in the meeting that stole all the ideas.

모든 아이디어들을 훔쳐간 사람은 회의에 있었던 내부자로 알려졌다.

2014년 9월 고2

⭐ empathy ☐ ☐ ☐

감정 이입, 공감

To think in one's shoes, one has to develop a sense of <u>empathy</u>.

다른 사람의 입장을 생각하기 위해서는 공감 능력을 키워야 한다.

🐾 2014년 9월 고1

⭐ position ☐ ☐ ☐

위치, 자리, 상태, 위치

Everyone got in their appointed <u>positions</u> as soon as the sirens rang.

알람이 울림과 동시에 모든 사람은 지정된 위치로 돌아갔다.

2015년 6월 고2

⭐ guard ☐ ☐ ☐

경비, 경비대, 감시하다, 방어하다

A few of SeoHee's frends from high school became coast <u>guards</u>.

몇몇의 서희 고등학교 친구들은 해안 경비대가 되었다.

2016년 9월 고2

⭐ surveillance ☐ ☐ ☐

감시, 감독

Investigators purposely deleted the <u>surveillance</u> footage of a boy stealing a loaf of bread.

감시자들은 남자아이가 빵을 훔치는 영상을 의도적으로 지웠다.

2019년 6월 고2

★ **professional** ☐ ☐ ☐

전문적인, 직업의, 능숙한

Staying <u>professional</u> when customers throw a fit is extremely stressful.

고객들이 화를 내는 동안에도 전문적으로 응대하는 것은 굉장히 스트레스 받는 일이다.

2017년 9월 고1

★ **decisive** ☐ ☐ ☐

결정적인, 결단력 있는

Ask the one that is <u>decisive</u> otherwise it will take a long time.

결단력 있는 사람에게 물어보지 않으면 결정하는 데 오랜 시간이 걸릴 것이다.

2019년 6월 고1

★ **pursuit** ☐ ☐ ☐

추구

The character in the movie chose a career to <u>pursuit</u> happiness.

영화 속의 캐릭터는 행복을 추구할 수 있는 직업을 선택하기로 했다.

2017년 9월 고2

★ **adventurous** ☐ ☐ ☐

모험적인, 모험심이 강한

Only the <u>adventurous</u> decided to go out in the woods after dark.

오직 모험심이 강한 사람들만 어두워지고 나서 숲속으로 가기로 했다.

2017년 6월 고2

★★ unlimit □ □ □

제한이 없는, 무제한의

Buying the memderhsip plan comes with <u>unlimited</u> amount of data.

회원권을 구매함으로써 무제한의 데이터가 함께 주어진다.

2015년 9월 고2

★ finding □ □ □

(조사, 연구 등의) 결론, 발견, 결과

The research conducted at Harvard concluded with the <u>finding</u> that coffee is bad for the health.

하버드에서 실행된 실험은 커피가 몸에 안 좋다는 결론을 내렸다.

2016년 9월 고1

★★ analyze □ □ □

분석하다, 해석하다

Find a pattern by <u>analyzing</u> the data from the 1900s to the 2000s and create a graph.

1900년도부터 2000년도까지의 결과들을 해석해서 패턴을 찾고 그래프를 만들어라.

2018년 6월 고2

★ roast □ □ □

굽다, 혹평하다

That is enough <u>roasting</u> of DaOn for today, carry on tomorrow.

오늘 다온이를 혹평하는 것은 여기까지 하고 내일 다시 시작하자.

2016년 6월 고1

★ threaten ☐ ☐ ☐

협박하다

An unknown number called SuJeong and <u>threatened</u> to pour water on SeoHee.

수정이에게 발신번호 표시가 없는 전화가 걸려와 서희에게 물을 뿌리겠다고 협박했다.

2015년 6월 고1

★ overjoyed ☐ ☐ ☐

매우 기뻐하는

The family was <u>overjoyed</u> when they found out their trip to Greece wasn't cancelled.

가족들은 그들의 그리스 여행이 취소되지 않았다는 것을 알고 매우 기뻐했다.

2017년 9월 고1

★ permanency ☐ ☐ ☐

변하지 않는, 영속적인, 지속됨, 영속성

One will be shocked at the <u>permanency</u> of a nickname from middle school. 🐾

사람들은 중학교 때의 별명의 지속됨을 깨닫고 놀랄 것이다.

2018년 9월 고2

★ forbid ☐ ☐ ☐

금지시키다, ~를 못하게 하다

The president of the school <u>forbid</u> the professors to assign homework to students.

학교 총장은 교사들이 학생들에게 숙제를 내주는 것을 금했다.

2018년 9월 고2

★ inform ☐ ☐ ☐

알리다

This email is to <u>inform</u> the members that the gym is officially moving its location.

이 이메일은 체육관 멤버들에게 장소 이동이 있다는 것을 알리기 위한 것이다.

2015년 9월 고1

★ available ☐ ☐ ☐

이용 가능한, 여유 있는

Why throw something away that is <u>available</u> for use for another 30 years?

왜 30년은 더 이용 가능한 것을 버리려고 해?

2015년 9월 고1

★ absolute ☐ ☐ ☐

완전한, 완벽한, 확고한

<u>Absolute</u> perfection is required in satisfying this particular customer.

이 특정한 고객을 만족시키기 위해서는 온전한 완벽함이 필요하다.

2014년 6월 고2

★ briefly ☐ ☐ ☐

간단히

Before the break ,the speaker will talk <u>briefly</u> about the new water fountain.

쉬는 시간을 갖기 전에 발표자가 새로운 분수대에 대해 간단히 설명할 것이다.

2016년 9월 고1

★ flex □ □ □

몸을 풀다, 힘을 주다

All the contestants started <u>flexing</u> their muscle when the light came on.

모든 참가자는 불이 켜지자마자 근육에 힘을 주기 시작했다.

2015년 6월 고2

★ failure □ □ □

실패

Do not consider the project as a <u>failure</u>, be proud of the effort put in.

이 프로젝트를 실패라고 생각하지 말고 노력한 것에 대해 자랑스러워해라.

2016년 9월 고1

Day 09

fortune

glitter

shed

reluctant

supervisor

adapt

cure

unpredictable

destroy

differ

capital

deceptive

revolution

pledge

suit

••• 아는 단어가 있나요? 뜻을 적어보세요

resell

aggressive

forgotten

chore

interrupt

moderation

publish

recent

longevity

landmark

valley

cuddle

logically

shrubbery

idle

★ fortune

운, 재산

When my grandmother passed away, he donated all his <u>fortune</u> to an orphanage he grew up in.

할머니가 돌아가시고 나서 그녀는 모든 재산을 자신이 성장했던 보육원에 기부했다.

2018년 6월 고1

★ glitter

반짝이, 반짝거리다

SuJeong decorated her letter with <u>glitter</u> so it could stand out among all the other letters.

수정이는 자신의 편지를 반짝이로 장식해서 다른 편지들 사이에서 눈에 띄게 했다.

2019년 6월 고2

★ shed

창고, 흘리다

During the summer, ChaeHyun's dog <u>sheds</u> everywhere that the whole house is covered with fur.

여름 동안 채현이 강아지의 털이 여기저기 빠져서 온 집안이 털로 뒤덮여 있다.

2015년 9월 고2

★★ reluctant

내키지 않은, 꺼리는, 주저하는

SeoHee could see the <u>reluctant</u> child behind the door to the dentist.

서희는 치과의사에게 가기를 주저하는 아이의 모습을 보았다.

2016년 6월 고1

★ supervisor　□ □ □

감독관, 관리자

There is an opening for a <u>supervisor</u> at the place HaeNa works if DaOn is interested in applying.

해나가 일하는 곳에 감독관 자리가 새로 났는데 다온이가 관심이 있다면 지원해보라 그래.

2018년 6월 고1

★★ adapt　□ □ □

적응하다, 맞추다

It might take a while to <u>adapt</u> to the new environment.

새로운 환경에 적응하기 위해서는 조금의 시간이 걸릴 거야.

2016년 9월 고1

★ cure　□ □ □

치유하다, 치료하다

SeungHwan actually believed that all he needed to do to <u>cure</u> his disease was to drink water.

승환은 실제로 그의 질병을 치유하기 위해서는 물만 마시면 된다고 믿었다.

2014년 6월 고1

★ unpredictable　□ □ □

예상할 수 없는, 예측 불가능한

The more JiHyung watched, the more <u>unpredictable</u> the movie became.

지형이가 영화를 보면 볼수록, 그 영화는 점점 더 예상하기가 어려워졌다.

2017년 6월 고1

★ destroy ☐ ☐ ☐

파괴하다, 훼손하다

It was not right of RaOn to <u>destroy</u> the sculpture the artist curved.

예술가가 조각한 조각상을 훼손하는 것은 라온이의 잘못이었다.

2018년 6월 고2

★ differ ☐ ☐ ☐

다르다

The product <u>differed</u> from what it looked online so JunHo returned it. 🐾

제품이 인터넷상으로 보이던 것과는 달라서 준호는 반품했다.

2018년 9월 고2

★ capital ☐ ☐ ☐

수도, 원래의, 기본의

Did you know that there is a <u>capital</u> for every state in the US?

모든 미국의 주에는 주도가 있다는 사실을 알고 있었니?

2017년 6월 고1

★ deceptive ☐ ☐ ☐

속이는, 믿을 수 없는, 기만적인

Do not fall into the <u>deceptive</u> tactic of her in the meeting.

회의에서 그녀의 기만적인 전술에 휘말리지 말아라.

2014년 9월 고2

★ revolution ☐ ☐ ☐

혁명

HaeNa opened up a museum dedicated to the American <u>revolution</u>.

해나는 미국 혁명을 기념할 박물관을 설립했다.

2017년 6월 고1

★ pledge ☐ ☐ ☐

약속, 서약, 맹세

When it is the time for the <u>pledge</u>, guide all the audiences to stand up until it's over.

맹세를 할 시간이 되면 관객들에게 맹세가 끝날 때까지 서 있으라고 안내해라.

2014년 6월 고1

★ suit ☐ ☐ ☐

정장, 소송, 알맞다

ChaeHyun filed a law<u>suit</u> against the neighbor for parking across her front yard.

채현은 그녀의 이웃이 자신의 앞마당에 주차한 것을 보고 법적 소송을 제기했다.

2018년 9월 고1

★ resell ☐ ☐ ☐

다시 팔다, 재판매

Once this item is bought, it is against the policy for the owner to <u>resell</u> the item to anyone.

일단 그 상품이 판매가 된다면, 상품의 소유자가 타인에게 상품을 재판매하는 것은 정책에 위반된다.

2018년 9월 고1

★★ aggressive

공격적인

Pitbulls are known for being <u>aggressive</u> but still a lot of people own them as pets.

핏불들은 공격적인 성향으로 알려져 있음에도 불구하고 많은 사람들이 애완견으로 키운다.

2018년 9월 고2

★ forgotten
□ □ □

잊혀진, 망각된

It seems that SuJeong has <u>forgotten</u> the real purpose of this trip.

수정이는 이번 여행의 진짜 목적을 잊어버린 것처럼 보인다.

2014년 9월 고2

★★ chore
□ □ □

일, 허드렛일

As long as ChaeHyun finishes all the <u>chores</u> on the list, she can do whatever she wants.

채현이가 적혀 있는 모든 일을 다 끝내면 하고 싶은 데로 다 할 수 있다.

2017년 9월 고1

★ interrupt
□ □ □

방해하다

<u>Interrupting</u> while he is talking in front of the students will get whoever in trouble.

그가 학생들 앞에서 말을 할 때 방해하는 모든 사람은 문제가 될 것이다.

2014년 6월 고2

★ moderation ☐ ☐ ☐

적당한, 조정, 절제

Even the products advertised as beneficial can be detrimental when not used in moderation.

심지어 이롭다라고 광고하는 상품들도 적당히 쓰지 않으면 해가 될 수 있다.

2014년 6월 고2

★★ publish ☐ ☐ ☐

출판하다

An article was <u>published</u> recently about the benefits of using coconut oil.

코코넛 오일의 장점을 쓴 기사가 최근에 출판되었다.

2016년 9월 고1

★★ recent ☐ ☐ ☐

최근의

Our neighbors decided to rearrange the furnitures in the living room <u>recently</u>.

우리의 이웃은 최근에 거실의 가구들을 재배치하겠다고 결심했다.

2014년 9월 고1

★ longevity ☐ ☐ ☐

장수, 오래 지속하는

That particular tree is known for its <u>longevity</u> according to the people living near by.

저 나무는 주변 사람들에 따르면 장수하는 특성으로 잘 알려져 있다고 한다.

2015년 6월 고2

★ landmark □ □ □

랜드마크, 주요 지형지물

Why do you stay at a hotel when world famous <u>landmarks</u> are here to see on this trip?

이번 여행에서는 세계적으로 유명한 유적지를 볼 수 있는데 왜 호텔에만 있는 거니?

2015년 9월 고2

★ valley □ □ □

골짜기, 계곡

People back in the days used to wash their clothes at the <u>valley</u> even during the winter.

과거 그 당시에 살았던 사람들은 겨울에도 골짜기에서 빨래를 했다.

2015년 6월 고2

★ cuddle □ □ □

포옹, 껴안다

HaeNa's a week old puppy can not sleep at night unless she is <u>cuddled</u>.

해나의 일주일 된 강아지는 포옹을 안 해주면 밤에 잠을 잘 못 잔다.

2015년 6월 고2

★ logically □ □ □

논리적으로, 논리상

<u>Logically</u> DaOn's story does not make any sense whatsoever.

논리적으로 다온이의 이야기는 말이 안 된다.

2018년 6월 고2

★ shrubbery ☐ ☐ ☐

관목숲

Jogging along the trail in the <u>shrubbery</u> really helped SeoHee's health.

관목숲 안의 길을 뛰는 것이 소희의 건강에 정말 많은 도움이 되었다.

2015년 9월 고2

★ idle ☐ ☐ ☐

이상적인

SeungHwan is living the <u>idle</u> lifestyle that everyone dreams of.

승환이는 모든 사람들이 꿈꾸는 이상적인 삶을 살고 있다.

2014년 6월 고2

Day 10

hope

friendliness

entitle

motivate

burden

control

sociable

advantageous

current

pretend

humid

thoughtful

kidnap

porch

silence

🐾 아는 단어가 있나요? 뜻을 적어보세요

hedge

economy

marvel

endemic

party

rational

paradigm

philanthropic

cropland

intellectual

appeal

remaining

probing

spread

importance

Day 10

★ hope ☐ ☐ ☐

희망, 바라다

No matter how many times JiHyung experienced failure, he still has <u>hope</u> for a successful future.

아무리 지형이가 많은 실패를 경험했어도, 그는 여전히 성공적인 미래에 대한 희망을 품고 있다.

2014년 9월 고2

★ friendliness ☐ ☐ ☐

우정, 친선, 친절, 호의

Be the one who shows <u>friendliness</u> even if the whole world doesn't.

온 세상이 그렇지 않다 해도 친절을 행하는 사람이 되어라.

2019년 6월 고2

★ entitle ☐ ☐ ☐

자격을 주다

People are not <u>entitled</u> to shut down every idea that they do not agree to.

사람들에게는 자신이 동의하지 않는 의견을 마음대로 무시할 수 있는 자격이 없다.

2019년 6월 고2

★★ motivate ☐ ☐ ☐

동기를 부여하다, 원인이 되다

RaOn's friends <u>motivated</u> him to work 14 hours a day for 6 days a week.

라온이의 친구들은 그를 14시간씩, 매일 일주일에 6번씩 일할 동기를 부여했다.

2018년 9월 고1

★ burden ☐ ☐ ☐

짐, 부담

Keeping that secret from the whole family is becoming a <u>burden</u>.

그 비밀을 가족들에게서 지키는 것이 부담되기 시작했다.

2014년 9월 고1

★★ control ☐ ☐ ☐

규제하다, 통제하다

Starting next week SuJeong will join in traffic <u>control</u>.

다음 주부터 수정이는 교통을 통제하는 것에 참여하기로 했다.

2016년 6월 고1

★ sociable ☐ ☐ ☐

사교적인

ChaeHyun has crazy amount of people she knows thanks to her <u>sociable</u> personality.

채현이는 사교적인 성격으로 아는 사람들이 엄청 많다.

2014년 9월 고1

★ advantageous ☐ ☐ ☐

이로운, 유리한

It is sad that JunHo does not realize that he has the <u>advantageous</u> background.

준호는 자신이 가진 바탕이 얼마나 유리한지 모르는 게 슬프다.

2015년 9월 고2

★★★ current ☐ ☐ ☐

현재의, 지금의, 전류, 해류

Due to the tornado, the <u>current</u> is very dangerous and no one is allowed on the beach.
토네이도 때문에 해류가 엄청 위험해서 해변에 사람들이 못 들어가게 통제되었다.

2017년 6월 고1

★ pretend ☐ ☐ ☐

~인 척하다

Possums are known for <u>pretending</u> to be dead when caught around the house.
주머니쥐들은 집에서 포착되면 죽은 척하는 특성으로 잘 알려져 있다.

2017년 6월 고2

★ humid ☐ ☐ ☐

습한

Florida is a wonderful place to live for people who enjoy <u>humid</u> weather.
플로리다는 습한 날씨를 좋아하는 사람들에게 살기 정말로 좋은 곳이다.

2016년 9월 고1

★ thoughtful ☐ ☐ ☐

배려심이 있는, 친절한, 사려 깊은

What DaOn did for the children at the orphanage was very <u>thoughtful</u> of her.
다온이가 보육원에 있는 아이들을 위해 한 행동은 정말 사려 깊은 행동이었다.

2018년 9월 고1

★ kidnap ☐ ☐ ☐

납치하다, 유괴하다

A puppy that was taught to be <u>kidnapped</u> was found hiding under the couch of the living room.

납치되었다고 생각했던 강아지가 거실 소파 밑에서 발견되었다.

2014년 9월 고2

★ porch ☐ ☐ ☐

현관

Leave the package on the front <u>porch</u> next to the bench if no one answers the door.

아무도 문을 열어 주지 않으면 택배를 현관 앞에 있는 벤치 옆에다가 놔주세요.

2017년 6월 고2

★ silence ☐ ☐ ☐

고요, 적막, 묵념

Only the sound of clattering plates were to be heard in the <u>silence</u>.

고요 속에서 오직 접시들이 부딪치는 소리만 들려왔다.

2019년 6월 고1

★ hedge ☐ ☐ ☐

산울타리, 에워싸다

The <u>hedge</u> marks the end of grandma's property so do not go over it.

그 울타리는 할머니 소유의 땅을 표시하니 그곳을 넘어가지 마라.

2018년 9월 고1

★ economy ☐ ☐ ☐
경제

Studying <u>economy</u> can be helpful determining which stock to buy and when.

경제를 배우는 것은 어떤 주식을 언제 살지 결정하는 데 도움이 된다.

2019년 6월 고1

★ marvel ☐ ☐ ☐
경이로워하다, 경탄하다, 경이

SeoHee's performance today <u>marvelled</u> every single audience.

서희가 한 오늘의 공연은 모든 관객을 경이롭게 했다.

2016년 9월 고2

★ endemic ☐ ☐ ☐
고유의, 고질적인, 향토적인

What RaOn is wearing is the <u>endemic</u> dress worn by the Indians.

라온이가 입고 있는 옷은 인디언들이 입었던 향토적인 원피스이다.

2015년 6월 고1

★ party ☐ ☐ ☐
정당, 단체, 파티

The students are learning about the democratic <u>party</u> this week in government class.

이번 주 학생들이 정부 수업에서 들을 것은 민주주의 정당에 관한 정보이다.

2018년 6월 고1

★★ rational □ □ □

합리적인, 이성적인

When SeungHwan explains it like that, the decision seems <u>rational</u>.

승환이가 그렇게 설명하는 걸 들으니까 그 결정이 합리적으로 보인다.

2017년 9월 고1

★ paradigm □ □ □

전형적인 예, 모범, 패러다임

JiHyung is thought of the <u>paradigm</u> for success among the neigborhood.

주민들 사이에서 지형은 성공의 전형적인 예로 알려져 있다.

2015년 6월 고2

★ philanthropic □ □ □

인자한, 인정 많은, 자선

Join SeungHwan at the <u>philanthropic</u> held at the museum once a year.

일 년에 한 번 박물관에서 실시하는 자선회에 승환이랑 같이 가라.

2018년 9월 고2

★ cropland □ □ □

경지

Grandmother decided to plant some more apple trees on her <u>cropland</u>.

할머니는 그녀의 경지에 사과나무를 더 심기로 했다.

2017년 6월 고2

☆ intellectual ☐ ☐ ☐

지식인, 지적인, 지능의

RaOn's group is having a very <u>intellectual</u> conversation regarding the US government.

라온이의 그룹은 미국 정부에 대한 지적인 대화를 하고 있다.

2017년 9월 고1

☆ appeal ☐ ☐ ☐

항소, 호소, 매력

Right now is JunHo's chance to say his last <u>appeal</u> before the judge ends the trial.

지금이 판사가 재판을 끝내기 전 마지막으로 준호가 호소할 수 있는 기회이다.

2014년 9월 고2

☆ remaining ☐ ☐ ☐

남아 있는, 잔여물

Before throwing away the <u>remaining</u> substance in the waste basket, record observations made.

남아 있는 물질을 쓰레기통에 버리기 전에 관찰한 결과를 적어라.

2015년 9월 고1

☆ probing ✿ ☐ ☐ ☐

철저한, 면밀히 살피는

Is it really necessary for all that <u>probing</u> for a pair of socks?

양말 한 켤레를 사기 위해 그렇게 면밀히 살피는 것이 필요하니?

2014년 6월 고2

★ **spread** ☐ ☐ ☐

퍼지다, 펼치다, 확산하다

The glitter <u>spread</u> everywhere when SuJeong opened the window and wind blew in.

수정이가 창문을 열고 바람이 들어오자 반짝이가 모든 곳으로 퍼졌다.

2017년 6월 고1

★★ **importance** ☐ ☐ ☐

중요성

ChaeHyun does not need a lecture on the <u>importance</u> of sleep.

채현이는 잠의 중요성에 대한 설명을 안 들어도 된다.

2017년 6월 고1

Day 11

plate

oddly

inconsistent

rage

pub

conference

infection

plainsman

malnutrition

desirable

digestion

excellence

colorful

abrupt

breathtaking

∴ 아는 단어가 있나요? 뜻을 적어보세요

overhear

addiction

subsequent

misheard

crucial

greedy

foolish

follow

flexibility

social

vitally

parasite

certainly

degree

terribly

Day 11

★ plate ☐ ☐ ☐

접시, 요리, 번호판, 도금하다, 지각 판

It is sketchy that HaeNa hides dozens of license <u>plate</u> in her garage.

해나가 수십 개의 자동차 번호판을 그녀의 차고에 숨기는 것은 미심쩍다.

2016년 6월 고1

★ oddly ☐ ☐ ☐

이상하게도, 기이하게도

<u>Oddly</u>, the cup keeps disappearing from DaOn's desk and found later on SeoHee's desk.

이상하게도 다온이의 책상에 있었던 컵이 자꾸 사라지고 서희의 책상에서 발견된다.

2016년 9월 고2

★ inconsistent ☐ ☐ ☐

일관성 없는, 모순된

<u>Inconsistent</u> pattern of the painting stands out the most among other paintings.

일관성이 없는 그림의 패턴이 다른 그림들 사이에서 눈에 띈다.

2017년 9월 고1

★ rage ☐ ☐ ☐

분노, 격노

Know how to take control of the <u>rage</u> instead of releasing it to others.

다른 사람들에게 화내지 말고 분노를 조절하는 방법을 배워라.

2016년 9월 고2

★ pub ☐ ☐ ☐
대중적인 술집, 펍

The <u>pub</u> is closed today due to some technical issues with machine.

오늘 공장은 기계의 기술적인 문제로 문을 닫았다.

2017년 6월 고1

★ conference ☐ ☐ ☐
회의, 회담, 협의

Thanks to technology, people can have <u>conferences</u> online no matter where they are.

기술 덕분에 사람들이 어디에 있든지 온라인으로 회의를 할 수 있게 되었다.

2016년 6월 고1

★★ infection ☐ ☐ ☐
감염, 전염병

DaOn's <u>infection</u> can be helped with some antibiotic pills and some rest.

다온이의 병은 항생제와 약간의 휴식을 통해 회복될 수 있다.

2018년 9월 고1

★ plainsman ☐ ☐ ☐
대평원의 주민

Our group project is a short-film of interviews of <u>plainsman</u> on their daily tasks.

우리의 그룹 프로젝트는 대평원 주민들의 하루 일과에 대한 인터뷰를 짧은 비디오로 만든 것이다.

2015년 9월 고2

★ malnutrition ☐ ☐ ☐

영양실조

UNICEF is accepting volunteers to go over to Africa to help people with <u>malnutrition</u>.

유니세프는 아프리카로 가서 영양실조의 사람들을 도와줄 봉사자들을 찾고 있다.

2014년 6월 고1

★ desirable ☐ ☐ ☐

가치 있는, 바람직한, 호감 가는

SeungHwan's proposition seemed <u>desirable</u> but JiHyung decided not to accept it.

승환이의 제안은 바람직했지만 지형이는 수락하지 않았다.

2017년 9월 고1

★ digestion ☐ ☐ ☐

소화, 소화력

Lying down on the bed right after eating a big meal is not going to help with <u>digestion</u>.

많은 음식을 먹고 침대에 바로 눕는 것은 소화에 도움이 되지 않는다.

2017년 9월 고2

★ excellence ☐ ☐ ☐

탁월함, 뛰어남, 우수한

All of the reviews are about the <u>excellence</u> of the product and service.

모든 리뷰들은 이 제품과 서비스가 얼마나 우수한지 쓰는 글이다.

2017년 6월 고1

★ **colorful** ☐ ☐ ☐
다색의, 다양한, 다채로운

Try some <u>colorful</u> clothes once in a while instead of wearing grey all the time.
맨날 회색만 입지 말고 다색의 옷들을 가끔 입어봐.
2014년 9월 고2

★ **abrupt** ☐ ☐ ☐
갑작스러운, 퉁명스러운, 불쑥

RaOn fell from the stairs when trying to duck the end of the couch <u>abruptly</u>.
라온이는 급작스럽게 소파의 끝을 피하려다 계단에서 넘어졌다.
2014년 6월 고2

★ **breathtaking** ☐ ☐ ☐
숨을 멎게 하는, 숨이 막히는

Picture does not capture all the <u>breathtaking</u> view from the top of the mountain.
사진은 이 산 정상에서 본 숨이 막히게 하는 경치를 다 담지 못한다.
2017년 6월 고2

★ **overhear** ☐ ☐ ☐
우연히 듣다, 엿듣다

JunHo <u>overheard</u> the professors whispering that there will be no midterm.
준호는 교수들이 이번에 중간시험이 없을 거라고 속삭이는 것을 우연히 들었다.
2018년 6월 고2

★ addiction □ □ □

중독

Keep an eye on SuJeong and stop her if she tries to feed her <u>addiction</u>.

수정이를 잘 보고 있다가 그녀의 중독 증상에 손을 대려 하면 하지 못하게 해라.

2018년 9월 고2

★ subsequent □ □ □

차후의, 그다음의

Looks like the consequences are to be dealt <u>subsequently</u>.

그 결과들은 추후에 처리가 될 것으로 보인다.

2015년 6월 고2

★ misheard □ □ □

잘못 들은

Turns out JunHo <u>misheard</u> the professors talking about the midterm.

교수님들의 시험에 관한 이야기를 준호가 잘못 들은 것으로 알려졌다.

2019년 6월 고1

★★ crucial □ □ □

필수적인, 중요한, 중대한

These upcoming weeks are going to be <u>crucial</u> for ChaeHyun's promotion in the company.

다가오는 주간은 회사에서의 승진에 관해 채현이에게 중요한 시간들이 될 것이다.

2018년 9월 고1

★ greedy ☐ ☐ ☐

욕심이 많은, 탐욕스러운

Eventually, the <u>greedy</u> will bring misfortune upon themselves.

욕심이 많은 사람은 결국 그들 스스로 불행을 불러들일 것이다.

2015년 9월 고1

★ foolish ☐ ☐ ☐

어리석은, 바보 같은

Getting the easiest questions wrong on the test made DaOn look <u>foolish</u>.

가장 쉬운 문제를 시험에서 틀린 것은 다온이를 바보같이 보이게 만들었다.

2015년 6월 고1

★ follow ☐ ☐ ☐

따르다, 뒤를 잇다

SeoHee <u>followed</u> her dad's steps and became one of the greatest artist.

서희는 그녀 아버지의 뒤를 이어서 유명한 미술가 중 한 명이 되었다.

2014년 6월 고2

★ flexibility ☐ ☐ ☐

유연성, 융통성

SeungHwan has some <u>flexibility</u> in his schedule to move around if he needs to.

승환이의 스케줄은 유연성이 있어서 필요하다면 시간을 조정할 수 있다.

2016년 9월 고1

★ social ☐ ☐ ☐

사회의, 사교적인, 사회적인

Social connections can make a huge difference later in life.

사회적인 연결 관계는 나중에 인생에서 큰 차이를 만들 수 있다.

2019년 6월 고1

★ vitally ☐ ☐ ☐

극도로, 지극히, 필수적으로

Those few seconds are vitally important in saving someone's life and must not be wasted.

그 짧은 몇 초가 사람들을 살리는데 지극히 중요하며 헛되이 할 수 없다.

2017년 9월 고2

★ parasite ☐ ☐ ☐

기생충, 기생 동물

Still water has higher chances of developing parasites than flowing water.

가만히 있는 물은 흐르는 물보다 기생충이 살 확률이 더 높다.

2018년 6월 고2

★ certainly ☐ ☐ ☐

물론, 분명히, 틀림없이

With all the hard work put on that, SuJeong certainly got the result she deserves.

수정이가 받은 결과는 그녀가 열심히 노력한 결과에 분명히 받아 마땅하다.

2018년 9월 고2

★★ degree ☐ ☐ ☐

온도, 학위, 정도

The average temperature of Hawaii stays at 28~30 Celcious <u>degree</u> all year round.

하와이의 연평균 기온은 일 년 내내 28~30도를 유지한다.

2015년 6월 고2

★ terribly ☐ ☐ ☐

너무, 몹시, 극심하게

RaOn missed his family <u>terribly</u> so he booked a flight for the next day to go visit them.

라온이는 그의 가족이 너무 보고 싶어서 그 다음날 비행기 표를 끊었다.

2015년 6월 고1

Day 12

roam

sociologist

vote

measle

production

tremendous

exchange

accident

recall

lie

handle

record

hybrid

polluter

prejudice

✤ 아는 단어가 있나요? 뜻을 적어보세요

output

drop

eventually

existence

generational

constant

tank

discipline

construction

incline

donate

consonant

attempt

simple

paralyze

119

★ roam □ □ □

돌아다니다, 배회하다

The tiger <u>roamed</u> around the town freely, which scared people.

그 호랑이가 마을을 자유롭게 돌아다녀서 마을 사람들을 무섭게 했다.

2015년 9월 고2

★ sociologist □ □ □

사회학자

As a <u>sociologist</u>, he conducted a survey to find out social behaviors of the students.

사회학자로서, 그는 학생들의 사회적인 성격을 파악하기 위해 설문을 했다.

2014년 9월 고2

★ vote □ □ □

투표, 표

ChaeHyun wanted to <u>vote</u> for the president but her age prevented her from voting it.

채현이는 대통령 선거에 투표하고 싶었지만, 그녀의 나이가 선거에 투표를 못하게 막았다.

2016년 9월 고1

★ measle □ □ □

유충

Just because HaeNa has a fever does not mean she has the <u>measles</u> in her body.

해나가 열이 난다고 해서 몸 안에 기생충이 있는 것은 아니다.

2018년 6월 고2

★★ production ☐ ☐ ☐

생산, 생산량, 생성, 제작

DaOn was ordered to finish the <u>production</u> of blankets by the end of the day.

다온이는 이불의 제작을 오늘 내로 끝내라고 지시받았다.

2018년 6월 고1

★ tremendous ☐ ☐ ☐

엄청난, 굉장한, 큰

<u>Tremendous</u> effort was put in by numerous people to keep the streets clean.

거리를 깨끗이 하기 위해 많은 사람들의 큰 노력이 들어갔다.

2019년 6월 고2

★ exchange ☐ ☐ ☐

교환하다, 맞바꿈, (이야기를) 주고받다

After a week, customers can not return or <u>exchange</u> any of the product they bought.

일주일 후에는 고객들이 산 물건들을 반품하거나 교환할 수 없다.

2015년 6월 고2

★ accident ☐ ☐ ☐

사고, 우연

The bus driver claimed that the <u>accident</u> was not his fault.

버스 운전사는 사고가 자신의 잘못이 아니라고 말했다.

2018년 9월 고1

★★ recall □ □ □

상기하다, 소환하다, 떠올리다

The detective asked SeungHwan if he <u>recalls</u> anything from the incident.

형사는 승환에게 사고에 관해 떠오르는 것들이 있는지를 물었다.

2016년 9월 고1

★ lie □ □ □

거짓말, 누워 있다, 놓여 있다

It is obvious for everyone that what JiHyung said was a <u>lie</u> except for RaOn.

라온 이외의 모든 사람은 지형이가 말한 것이 거짓말인 것을 안다.

2015년 6월 고1

★ handle □ □ □

다스리다, 처리하다, 다루다, 핸들

Learn how to <u>handle</u> rejections and do not be too discouraged.

거절에 대처하는 법을 배우고 너무 실망하지 말아라.

2016년 9월 고1

★ record □ □ □

기록, 음반, 레코드

The <u>record</u> company regretted rejecting JunHo's new song when it became a hit.

🐾 음반 회사는 준호의 새로운 노래가 인기가 많아져서 그 노래를 거절한 것을 후회했다.

2018년 9월 고2

☆ hybrid ☐ ☐ ☐

잡종, 혼합물

A <u>hybrid</u> of a tiger and a lion is called an liger and it is exists.

라이거는 호랑이와 사자의 잡종이고 실제로 존재한다.

2016년 9월 고2

☆ polluter ☐ ☐ ☐

오염 유발자, 공해 유발 기업(국가)

Factories are the main <u>polluter</u> of the environment and they need to take action quickly.

공장은 주된 오염 유발자이며 빨리 조치를 해야 한다.

2018년 9월 고1

☆ prejudice ☐ ☐ ☐

편견, 해를 끼치다, 편견을 갖게 하다

'Pride and <u>Prejudice</u>' is one of the classics both in form of a book and a film.

「오만과 편견」은 영화와 책으로 고전작품들 중 하나이다.

2015년 6월 고2

☆ output ☐ ☐ ☐

결과물, 생산량, 출력

Make sure the final number of <u>output</u> is recorded at the end of the day.

일이 끝나면 최종 결과물의 숫자를 적어 놓는 것을 확실히 해라.

2019년 6월 고2

★ drop □ □ □

떨어뜨리다, ~에 들르다

<u>Drop</u> the package off at RaOn's office on the way to school.

학교 가는 길에 라온이의 사무실에 들러 택배를 주고 와라.

2018년 6월 고1

★ eventually □ □ □

결국, 마침내

Staring all day at the screen will <u>eventually</u> damage the eyes.

컴퓨터 화면을 장시간 계속 들여다보는 것은 결국 눈에 안 좋은 영향을 미친다.

2016년 9월 고1

★ existence □ □ □

존재, 현존

Who would ever believe of the <u>exsistence</u> of big foot?

누가 빅풋이 현존한다고 믿겠어?

2018년 9월 고1

★ generational □ □ □

세대 간의, 세대의

There might be <u>generational</u> disagreements on certain topics due to different experiences.

다른 경험들로 인해 세대 간에 의견 충돌이 일어날 수 있는 주제들이 몇 가지 있다.

2014년 9월 고1

★★ constant ☐ ☐ ☐

변함없는, 정수, 끊임없는

Working <u>constantly</u> without any break will eventually lead to success.

쉬는 틈 없이 일을 끊임없이 하는 것은 결국 성공으로 이어질 것이다.

2017년 6월 고1

★ tank ☐ ☐ ☐

통, 탱크

Almost all of the <u>tanks</u> are destroyed from the bombing.

모든 탱크가 폭탄 때문에 파괴되었다.

2014년 9월 고2

★★ discipline ☐ ☐ ☐

🐾 훈육, 규율

The better puppies behave, the earlier they are <u>disciplined</u>.

강아지들이 순종하면 할수록 그들은 더욱 일찍 훈련된다.

2018년 9월 고2

★ construction ☐ ☐ ☐

건설, 공사, 건축물

Noise from the <u>construction</u> outside the building is driving the neibors crazy.

건물 밖에서 하는 공사 소음이 일하는 이웃주민들을 미치게 한다.

2018년 6월 고1

★ incline ☐ ☐ ☐

경사, ~쪽으로 기울다

There is such a thing as an <u>inclined</u> treadmill which is a more advanced model of an regular one.

경사진 러닝머신이 일반적인 것보다 발전된 모델이다.

2018년 9월 고1

★ donate ☐ ☐ ☐

기부하다, 기증하다

People who have been in any of the countries on this list are not able to <u>donate</u> blood.

이 리스트 안에 있는 나라를 방문한 사람은 혈액을 기증할 수 없다.

2018년 9월 고1

★ consonant ☐ ☐ ☐

자음, 자음자, ~와 일치하는

SuJeong struggles when it comes to <u>consonants</u> while trying to write in korean.

수정이는 한글을 배울 때 자음자 때문에 고생을 한다.

2014년 9월 고1

★★ attempt ☐ ☐ ☐

시도, 시도하다, 도전

The <u>attempt</u> was admirable but the result was not.

시도는 칭찬받을 만했지만 결과는 아니었다.

2014년 6월 고1

★ **simple** ☐ ☐ ☐

간단한, 간소한, 단순한

The maze is very <u>simple</u> for the adults, but for the children it is very difficult.

미로는 어른들에게는 간단하지만, 아이들에게는 어렵다.

2019년 6월 고1

★ **paralyze** ☐ ☐ ☐

마비시키다, 쓸모없게 만들다

After the accident, she was <u>paralyzed</u> from the neck down.

사고 이후 그녀는 목 밑으로 마비가 되었다.

2014년 6월 고2

127

Day 13

afford

factual

meaningless

constrain

early

species

sense

appetite

cubit

confidently

fellow

simultaneous

yield

disposition

conformity

♣ 아는 단어가 있나요? 뜻을 적어보세요

tie

political

functional

afternoon

serve

movement

smooth

contributor

survivorship

deceit

progressive

oppose

probability

success

across

Day 13

★ afford ☐ ☐ ☐

여유가 되다, 제공하다

DaOn promised to take her family on a vacation when she could <u>afford</u> the time.

다온이는 시간 여유가 되면 가족들을 여행에 데리고 가겠다고 약속했다.

2018년 9월 고2

★ factual ☐ ☐ ☐

사실에 기반을 둔, 사실의

HaeNa is very <u>factual</u> and hates any of the science fiction movies because they are unrealistic.

해나는 항상 사실에 기반을 두고 공상과학영화를 사실적이지 않다고 싫어한다.

2018년 9월 고2

★ meaningless ☐ ☐ ☐

의미가 없는, 무의미한

Making a promise is <u>meaningless</u> if one does not keep the promise.

약속을 하고 지키지 않으면 약속을 한 의미가 없다.

2018년 9월 고1

★ constrain ☐ ☐ ☐

~하게 만들다, 제한하다

The magician <u>constrained</u> himself by tieing both his hands and feet but got out in swiftly.

마술사는 자신의 손과 발을 묶어 제한했지만, 재빨리 나왔다.

2014년 6월 고2

★ **early** ☐ ☐ ☐

이른, 일찍, 초기의

From <u>early</u> on, DaOn was exceptionally good at memorizing things.

다온이는 이른 나이부터 기억하는 것을 뛰어나게 잘했다.

2014년 9월 고1

★ **species** ☐ ☐ ☐

(생물 분류의 기초 단위) 종

There are still unnumerable unknown <u>species</u> at the bottom of the ocean according to the scientists.

과학자들에 따르면 바다의 밑에는 아직도 발견되지 않은 생물 종들이 셀 수 없이 많다.

2018년 6월 고1

★★ **sense** ☐ ☐ ☐

감각, 정신, 느끼다(감각), 감지하다,

Animals can <u>sense</u> an earthquake coming before humans can.

동물들은 사람들보다 먼저 지진을 감지할 수 있다.

2016년 6월 고1

★ **appetite** ☐ ☐ ☐

식욕

After watching a scary movie, SeoHee lost her <u>appetite</u>.

무서운 영화를 보고 나서 서희는 식욕을 잃었다.

2014년 9월 고2

★ cubit □ □ □

큐빗, 완척(고대에 사용되던 길이 단위의 하나)

The measurement <u>cubit</u> was used in the ancient days and not used any more.

큐빗이라는 단위는 오랜 기간 사용되었고 지금은 사용되지 않는다.

2015년 6월 고1

★ confidently □ □ □

자신감 있게, 확신을 갖고

The answer SeungHwan shout out <u>confidently</u> was wrong.

승환이 자신감 있게 외쳤던 답은 오답이었다.

2018년 6월 고2

★ fellow □ □ □

같은 처지에 있는, 동료의

JiHyung got congratulatory cards from his <u>fellow</u> classmates.

지형은 그의 반 동료들에게서 축하의 카드를 받았다.

2015년 6월 고1

★ simultaneous □ □ □

동시의

Working on two difference tasks <u>simultaneously</u> is impossible.

두 개의 일을 동시에 하는 것은 불가능하다.

2014년 6월 고2

★ **yield** ☐ ☐ ☐

내다, 넘겨주다, 양보하다

Always <u>yield</u> to the ambulances for they are in hurry.

바쁜 구급차에게 항상 길을 양보해라.

2017년 9월 고2

★ **disposition** ☐ ☐ ☐

성질, 기질, 배치, 배열

RaOn is known for having an aggressive <u>disposition</u> so people try to stay away from him.

라온이는 난폭적인 성질로 사람들은 그를 멀리한다.

2018년 6월 고2

★ **conformity** ☐ ☐ ☐

순응

<u>Conformity</u> to unfair treatment is never considered polite but stupid.

불공정한 대우를 받았을 때 순응하는 것은 예의 바른 것이 아니라 멍청한 것이다.

2019년 6월 고2

★ **tie** ☐ ☐ ☐

묶다, 매다, 넥타이

Shocking that he does not know how to tie his own <u>tie</u>. 🐾

그가 자기 자신의 넥타이를 맬 수 없다는 것이 놀랍다.

2019년 6월 고1

★★ political ☐ ☐ ☐

정치적인, 정치와 관련된

Why does every conversation between SuJeong and ChaeHyun turn <u>political</u>?

🐾 왜 수정이와 채현이의 모든 대화는 정치적으로 변하는 것이니?

2017년 6월 고1

★ functional ☐ ☐ ☐

실용적인, 기능상의

If the product is neither <u>functional</u> nor practical, RaOn was ordered to throw it away.

제품이 실용적이지도 효율적이지도 않으면 라온이는 버리라고 지시받았다.

2014년 9월 고1

★ afternoon ☐ ☐ ☐

오후

SeungHwan made a dinner reservation for tomorrow <u>afternoon</u>.

승환이는 내일 저녁 오후 예약을 했다.

2017년 6월 고1

★★ serve ☐ ☐ ☐

제공하다, 시중을 들다

Put most importance in <u>serving</u> the people at the main table.

주요 테이블에 앉아 있는 사람들의 음식을 제공하는 데 중점을 두어라.

2016년 6월 고1

★ movement □ □ □

움직임, 이동, 동향

The endless practice only made HaeNa's <u>movement</u> worse not better.

계속된 연습은 해나의 움직임을 더 안 좋게 만들었다. 더 좋게가 아니라.

2014년 9월 고2

★ smooth □ □ □

부드러운, 매끄러운, 잔잔한, 고루 잘 섞인

The surface of the closet looks so much better after <u>smoothing</u> the wood out.

옷장의 겉면은 나무를 매끄럽게 만든 다음이 더 나아 보인다.

2017년 6월 고1

★ contributor □ □ □

토론자, 기부자, 원인 제공자

Everyone waited for an hour only to realize the main <u>contributor</u> disappeared.

모든 사람은 한 시간을 기다리고 나서야 주요 기부자가 사라졌다는 것을 알아챘다.

2016년 9월 고2

★ survivorship □ □ □

생존권, 생존, 존속

<u>Survivorship</u> is not given out randomly to any one in this competitive game.

생존권은 이 치열한 게임에서 아무한테나 나눠주지 않는다.

2018년 6월 고2

★ deceit □ □ □

속임수, 사기

Some might think they can get away with <u>deceitful</u> ways but it's a matter of time they get caught.

어떤 사람들은 속임수로 벗어날 수 있다고 생각하지만 잡히는 것은 순간이다.

2018년 6월 고2

★ progressive □ □ □

나아가는, 진보적인, 혁신적인, 점진적인

It is time for more <u>progressive</u> perspective rather than old stuck up perspective.

이 시대에는 꽉 막힌 고전적 사고방식 말고 진보적인 관점이 필요하다.

2014년 6월 고2

★ oppose □ □ □

반대하다, 겨루다

The <u>opposing</u> force was much stronger than anticipated and took DaOn by surprise.

반대에서 오는 상대는 다온이가 생각했던 것보다 힘이 세서 놀랐다.

2019년 6월 고2

★ probability □ □ □

확률, 개연성, 개연성 있는

The <u>probability</u> of cracking the screen when dropping a phone from the top of the building is high.

높은 빌딩에서 핸드폰을 떨어뜨렸을 때 액정이 깨질 확률은 높다.

2015년 6월 고2

★ **success** □ □ □

성공, 성과, 성공한 사람

<u>Success</u> does not mean anything if it was achieved using deceitful ways.

성공은 아무런 의미가 없다, 속임수를 썼다면.

🐾 2019년 6월 고1

★ **across** □ □ □

가로지르다, 건너서, 맞은편에

SuJeong waved her hand for ChaeHyun to see who was waiting for her <u>across</u> the street.

수정은 건너편에서 기다리고 있는 채현이를 향해 손을 흔들었다.

2019년 6월 고1

Day 14

observe

sophisticate

tone

enclose

rain

counts

repair

fascinate

particularly

subscriber

accept

replace

supply

distance

place

disturb

stern

critically

concern

transcend

honesty

examine

downs syndrome

stressful

density

authority

clarity

patent

relationship

opinion

139

Day 14

★★ **observe** ☐ ☐ ☐

관찰하다, 주시하다

After <u>observing</u> his behavior, the psychologist concluded that he was normal.

그의 행동을 주시하고 나서 정신과학자는 그가 정상이라고 결정지었다.

2015년 6월 고1

★ **sophisticate** ☐ ☐ ☐

우아한, 교양 있는

The detail on the couch makes the whole room look <u>sophisticated</u>.

세심한 소파의 디자인은 방 전체를 우아하게 바꿨다.

2017년 9월 고2

★ **tone** ☐ ☐ ☐

어조, 말투, 분위기, 음색

Just by the <u>tone</u> of RaOn's voice, everyone could tell that she was aggrevated.

그의 말투만으로 사람들은 그가 화가 났다는 것을 알았다.

2016년 6월 고1

★ **enclose** ☐ ☐ ☐

두르다, 에워싸다

Due to the stress from the <u>enclosing</u> of the paparrazies, JiHyung panicked.

에워싸는 파파라치 때문에 지형이는 무서워졌다.

2016년 9월 고2

★ rain ☐ ☐ ☐

비, (눈, 비, 이슬 등이) 내리다

It is <u>raining</u> cats and dogs today, make sure to bring an umbrella.

오늘 비가 많이 오니 우산을 꼭 챙겨라.

2014년 9월 고2

★ counts ☐ ☐ ☐

인정하다, 번수

The judges concluded that the last vote did not <u>count</u>.

판사는 마지막 표가 인정되지 않는다고 결론을 내렸다.

2014년 6월 고2

★ repair ☐ ☐ ☐

수리하다, 고치다, 수선하다

RaOn got a part time job at the <u>repair</u> center near school.

라온이는 학교 근처 차 고치는 곳에서 알바를 시작했다.

2016년 9월 고2

★★ fascinate ☐ ☐ ☐

매료하다, 흥미를 끌다

Write a story that <u>fascinates</u> both the children and the parents.

아이들과 어른들의 흥미를 끄는 책을 써라.

2018년 6월 고2

★★ particularly ☐ ☐ ☐

특히, 특별히

The president was <u>particularly</u> intrigued by the talking monkeys.

대통령은 그 말할 줄 아는 원숭이들에게 특별이 관심을 보였다.

2015년 6월 고1

★ subscriber ☐ ☐ ☐

구독자

Our 100th <u>subscriber</u> will be prized with 100 tissue boxes.

우리의 백 번째 구독자는 백 개의 휴지를 선물로 받을 것이다.

2014년 9월 고1

★★ accept ☐ ☐ ☐

허락하다, 받아들이다, 수락하다

HaeNa <u>accepted</u> DaOn's sincere apology.

해나는 다온이의 진실한 사과를 받아들였다.

2017년 6월 고1

★★ replace ☐ ☐ ☐

대체하다, 바꾸다

Those tinted windows needs to be <u>replaced</u> with clear ones due to the law.

어둡게 색칠된 창문들은 법에 따라 투명한 것으로 바꿔야 한다.

2016년 9월 고1

★ supply ☐ ☐ ☐

공급, 보급품

Make sure that the <u>supplies</u> are stocked up and organized for later.

공급품들이 다 채워져 있고, 정리되어 있는지 확인해라.

2014년 6월 고2

★★ distance ☐ ☐ ☐

거리

JiHyung walks to school every day since the school is within walking <u>distance</u>.

지형이는 학교가 가까운 거리에 있어서 학교를 걸어서 다닌다.

2014년 9월 고1

★ place ☐ ☐ ☐

장소, 곳, 위치

RaOn <u>placed</u> the violin inside his neatly packed suitcase and prayed it would not break.

라온이는 그의 바이올린을 잘 정돈된 캐리어에 넣었고 부서지지 않길 빌었다.

2014년 6월 고2

★ disturb ☐ ☐ ☐

방해하다, 불안하게 만들다

Be thankful that SuJeong does not <u>disturb</u> others when taking a break.

수정이가 다른 사람들이 쉬는 시간 동안 방해 안 한 것에 대해 감사히 생각해라.

2016년 9월 고1

☆ stern ☐ ☐ ☐

근엄한, 엄중한, 심각한, 단호한

The securities working at airports always have <u>stern</u> faces on which is understandable.

공항에서 일하는 보안요원들은 항상 심각한 표정을 짓고 있는데 이해가 간다.

2016년 9월 고1

☆ critically ☐ ☐ ☐

비평적으로, 혹평하다

After reading a <u>critically</u> written review of the performance the actress quit.

혹평적으로 쓰인 리뷰를 보고 나서 여배우는 일을 그만뒀다.

2016년 9월 고1

★★★ concern ☐ ☐ ☐

영향을 미치다, 관하다 관련되다

People who does not <u>concern</u> this problem please stay out of it.

이 문제에 관련되지 않은 사람들은 신경 쓰지 말아 주세요.

2015년 6월 고1

☆ transcend ☐ ☐ ☐

초월하다

The plot of the movie <u>transcended</u> our imazination.

그 영화의 줄거리는 사람들의 상상을 초월했다.

2015년 9월 고2

★★ honesty □ □ □

정직, 솔직함, 정직함

<u>Honesty</u> is the best policy.

(속담) 정직이 최상의 방책이다.

2019년 6월 고1

★ examine □ □ □

검사하다, 조사하다, 심문하다

Inverstigators pulled JiHyung out of the crowd and started to <u>examine</u> him with questions.

수사관들은 지형이를 무리에서 찾아내 그를 심문했다.

2016년 9월 고1

★ downs syndrome □ □ □

다운증후군, 몽고증

DaOn founded an organization that supports people of all age with <u>downs syndrome</u>.

라온이는 다운증후군으로 고생하는 모든 사람을 도와주는 단체를 설립했다.

2014년 9월 고2

★ stressful □ □ □

스트레스가 많은

Massage is particularly popular to people with <u>stressful</u> jobs.

마사지는 스트레스가 많은 직장인에게 특히 인기가 많다.

2019년 6월 고1

⭐ density   ☐ ☐ ☐

🐾 밀도, 농도

In chemistry lab, <u>density</u> is calculated by dividing mass by volume.

화학 실험실에서 농도는 무게 나누기 부피로 계산된다.

2016년 6월 고1

⭐ authority   ☐ ☐ ☐

지휘권, 권한, 권위, 권위자

There are no rights even for <u>authorities</u> to act in such a way that is dishonest.

권위자들에게도 불성실하게 행동할 권리는 주어지지 않는다.

2019년 6월 고1

⭐ clarity   ☐ ☐ ☐

명료성, 명확성, 선명도

HaeNa needs <u>clarity</u> of what the letter means because the handwriting prevented her from reading it.

해나는 편지의 글씨가 읽기 어려워 내용의 명확성을 이해하지 못했다.

2015년 6월 고1

⭐ patent   ☐ ☐ ☐

특허권, 뻔한, 명백한, 특허의

No one can steal ideas that are <u>patented</u> because it is against the law to do so.

법에 어긋나기 때문에 어느 누구도 특허권을 낸 아이디어를 훔칠 수 없다.

2016년 9월 고2

★ **relationship** □ □ □

관계, 관련

Healthy <u>relationship</u> between the children and the parents is very important.

아이들과 부모 사이의 좋은 관계는 굉장히 중요하다.

2017년 9월 고1

★ **opinion** □ □ □

의견, 견해, 생각

Take everyone's <u>opinions</u> in consider and come up with a conclusion that all will agree on.

모든 사람의 의견을 듣고 모두 동의할 만한 결과를 가져와라.

2016년 6월 고1

Day 15

identical

eloquently

swing

ignorance

consequent

induce

underside

visibility

micronutrients

activate

meaningful

intricately

stake

luck

commander

nevertheless

clarify

chill

reasoning

promotion

insert

enroll

improvement

steepness

often

discrimination

controller

molecular

illuminate

stump

149

Day 15

★★ identical ☐ ☐ ☐

똑같은, 동일한, 일란성의

She found out she was pregnant with <u>identical</u> twins.

그녀는 자신이 일란성 쌍둥이를 임신했다는 사실을 알았다.

2016년 6월 고1

★ eloquently ☐ ☐ ☐

설득력 있게, 호소력 있게, 웅변으로

ChaeHyun found her way out of trouble with her <u>eloquently</u> trained speech.

채현이는 설득력 있게 훈련된 말로 어려운 상황에서 벗어났다.

2019년 6월 고2

★ swing ☐ ☐ ☐

흔들리다, 휙 움직이다

HaeNa does not know how to <u>swing</u> a bat even though she insists playing baseball for years.

해나는 야구를 몇 년 동안이나 해왔다고 주장하면서 야구 방망이를 휘두르는 법을 몰랐다.

2017년 6월 고1

★ ignorance ☐ ☐ ☐

무지, 무식

DaOn's <u>ignorance</u> on current national politics is throwing her classmates off.

다온이가 현재 정치에 무지한 것이 그녀의 반 친구들을 놀랍게 했다.

2017년 9월 고2

⭐ consequent ☐ ☐ ☐

~의 결과로 일어나는, 결과적으로

Collapse of the building is <u>consequent</u> to poorly designed structure.

빌딩이 무너진 것은 완벽하게 설계되지 않은 결과로 인해 일어났다.

2017년 9월 고1

⭐ induce ☐ ☐ ☐

설득하다, 유발하다, 초래하다

Drinking excessive amounts of coffee will <u>induce</u> jitteriness due to the caffeine.

너무 많은 커피를 마시는 것은 카페인으로 인해 불안을 유발할 것이다.

2017년 9월 고2

⭐ underside ☐ ☐ ☐

아랫면

Read the message that is written on the <u>underside</u> of the box.

박스 아랫면에 쓰인 메시지를 읽어라.

2014년 9월 고2

⭐ visibility ☐ ☐ ☐

눈에 잘 보임, 가시성

The <u>visibility</u> of the damaged couch knocked SeoHee out with a shock.

소파에 눈에 잘 보이는 선명한 흠집들이 서희에게 충격을 주었다.

2015년 9월 고2

151

⭐ micronutrients ☐ ☐ ☐

미량 영양소, 미량 원소

Intake of diverse <u>micronutrients</u> daily may not seem like a big deal but it is crucial for better health.

미량 영양소의 섭취는 별로 영향이 없어 보이지만 건강을 위해 정말 중요하다.

2017년 9월 고2

⭐ activate ☐ ☐ ☐

작동시키다, 활성화시키다

Do not <u>activate</u> the fireworks until all the members are sitted for their safety.

폭죽은 멤버들이 안전히 앉았을 때 작동시켜라.

2015년 6월 고1

⭐ meaningful ☐ ☐ ☐

의미 있는, 중요한, 유의미한

In this closet lies behind a <u>meaningful</u> story of the previous owner that will make SeungHwan cry.

이 옷장에 담긴 그 전 주인의 의미 있는 이야기는 승환이를 울게 할 것이다.

2014년 6월 고2

⭐ intricately ☐ ☐ ☐

복잡한, 얽힌

It took JiHyung 3 hours just to organize <u>intricately</u> tangled wires and put them back in place.

복잡하게 엉킨 전선들을 정리하고 다시 제자리로 위치하는 데 지형이는 세 시간이 걸렸다.

2016년 9월 고2

★ **stake** ☐ ☐ ☐

내기, 내기에 건 돈, 위태로운

RaOn demanded to get his money back when he realized he was at <u>stake</u>.

라온은 그의 내기가 위험한 것을 깨닫고 돈을 다시 달라고 요구했다.

2016년 9월 고2

★ **luck** ☐ ☐ ☐

행운, 운

Overconfident JunHo told his supporters that he does not need <u>luck</u> to win this tournament.

자신감이 넘치는 준호는 이번 경기를 이기기 위해 운은 필요 없다고 그의 지지자들에게 말했다.

2016년 6월 고1

★ **commander** ☐ ☐ ☐

지휘관, 사령관

As the new <u>commander</u> in chief of this organization, SuJeong gave the employees a 3 month break.

이 단체의 새로운 사령관으로서 수정이는 일하는 사람들에게 3개월의 휴식을 주었다.

2018년 6월 고2

★ **nevertheless** ☐ ☐ ☐

그럼에도 불구하고, 그러나, 그래도

<u>Nevertheless</u>, ChaeHyun's constant nagging of how dangerous it was, HaeNa went and did it.

위험하다는 채현이의 계속된 잔소리에도 불구하고 해나는 그 일을 했다.

2017년 6월 고1

★ clarify ☐ ☐ ☐

명확하게 하다, 분명하게 말하다

When in business meetings with another company, remember to <u>clarify</u> the goal of our company.

다른 회사와 회의가 있을 때는 우리 회사의 목적을 분명하게 말해야 한다.

2018년 9월 고1

★ chill ☐ ☐ ☐

냉기, 한기, 진정하다

It is hard to stand still in the outside because of <u>chill</u>.

한기 때문에 밖에 가만히 서 있기가 힘들다.

2018년 6월 고1

★ reasoning ☐ ☐ ☐

이유, 추리, 추론

The <u>reasoning</u> that SeoHee gave the teacher for skipping did not make any sense.

서희가 선생님에게 수업을 빠진 이유를 설명한 것은 이해가 되지 않는다.

2018년 9월 고2

★ promotion ☐ ☐ ☐

승진, 진급, 홍보

SeungHwan hopes to get a <u>promotion</u> this year or else he will quit.

승환은 이번 연도에 승진을 기대하고 있다. 아니면 그는 일을 그만둘 것이다.

2018년 9월 고1

★ **insert** ☐ ☐ ☐

끼우다, 삽입하다

<u>Insert</u> 5 dollars in coins since it does not take any paper bills.

오천 원짜리를 동전으로 끼워라. 종이는 받지 않으니까.

2016년 9월 고2

★ **enroll** ☐ ☐ ☐

입학시키다, 기재하다, 등록하다

JiHyung mentioned that it is quite crazy to <u>enroll</u> 7 year olds to 13 different academies.

지형이는 일곱 살짜리가 열세 개의 다른 학원에 등록한 것은 미친 것이라고 말했다.

2015년 6월 고2

★ **improvement** ☐ ☐ ☐

향상, 개선, 호전

Thanks to the architect, the house made huge <u>improvements</u> inside and out.

그 건축사 덕분에 집 안과 밖은 엄청나게 개선이 되었다.

2015년 6월 고1

★ **steepness** ☐ ☐ ☐

가파름, 험준한, 엄청난

Between the years 1999 and 2010, there is a visible <u>steepness</u> of data collected.

1999년도와 2010년도 사이에 엄청난 양의 데이터가 수집되었다.

2017년 9월 고1

⭐ often

☐ ☐ ☐

자주, 흔히

RaOn <u>often</u> goes to the library to read since his house is always full of distraction.

그의 집은 방해되는 요소들이 많아서 라온이는 도서관에 가서 가끔 책을 읽는다.

2019년 6월 고1

⭐ discrimination

☐ ☐ ☐

차별

There was a riot against the police officers to stop <u>discrimination</u>.

경찰에 의한 차별 대우를 중단하라는 시위가 있었다.

2018년 9월 고2

⭐ controller

☐ ☐ ☐

조종 장치, 관리자

JunHo lost the <u>controller</u> for his newly gifted toy hellicopter by his aunt.

준호는 이모에게 새로 받은 장난감 헬리콥터의 조종 장치를 잃어버렸다.

2015년 6월 고2

⭐ molecular

☐ ☐ ☐

분자의, 분자로 된

Todays lab is about identifying the <u>molecular</u> structure of different elements.

오늘의 실험은 다양한 성분들의 분자 모형을 찾아보는 것을 주제로 한다.

2018년 6월 고2

★ illuminate ☐ ☐ ☐

(~에 불을) 비추다, ~를 밝히다

<u>Illuminate</u> the light to where SuJeong is pointing, maybe she found something.

🐾 수정이가 가리키는 곳으로 불을 비춰라, 그녀가 무엇을 찾았을지도 모른다.

2016년 9월 고1

★ stump ☐ ☐ ☐

그루터기, 남은 부분, 기둥

That tree <u>stump</u> provides a place to sit when the hikers get worn out.

그 나무 기둥은 등산하는 사람들이 힘들 때 앉을 곳을 제공해 준다.

2019년 6월 고1

157

Day 16

complete

relieve

neuron

task at hand

evolution

peer pressure

Fleming

profit

simply

unique

validity

predetermine

persuade

creature

salary

😺 아는 단어가 있나요? 뜻을 적어보세요

socialize

influencer

agony

trendy

rest

warranty

equalizer

admit

frontal

mark

inability

civic

contemporary

vegetation

mood

★ complete ☐ ☐ ☐

완료하다, 완벽한

In the instruction it says that one needs to <u>complete</u> the presentation in order to take the test.

설명서에는 사람들이 발표를 완료해야 시험을 볼 수 있다고 적혀 있다.

2015년 6월 고1

★★ relieve ☐ ☐ ☐

안도하게 하다

The sound of keys jingling in her bag <u>relieved</u> ChaeHyun from stressing out.

스트레스 받는 채현이를 안도하게 한 것은 그녀의 가방 안에서 소리를 내는 열쇠였다.

2015년 6월 고1

★ neuron ☐ ☐ ☐

신경 세포

<u>Neurons</u> communicate or receive and give out signals by neurotransimtters.

신경 세포들은 신경 전달 물질들로 서로 신경을 주고받는다.

2014년 6월 고2

★ task at hand ☐ ☐ ☐

현재 맡은 일, 하고 있는 일(과제)

It is more efficient to focus the <u>task at hand</u> rather than to worry about the future.

현재 하고 있는 일에 집중하는 것이 미래를 걱정하는 것보다 효율적이다.

2015년 9월 고2

★ evolution ☐ ☐ ☐

진화, 발전

Some people in this world does not believe in <u>evolution</u> despite the scientific evidences.

과학적인 근거들에도 불구하고 몇몇 사람들은 진화를 믿지 않는다.

2016년 9월 고2

★ peer pressure ☐ ☐ ☐

동료 집단에서 받는 압박, 또래의 압력

HaeNa does not give into <u>peer pressure</u> because she knows what is right and what is wrong.

그녀는 무엇이 옳고 나쁜지 알기 때문에, 또래 집단의 압력에 영향을 받지 않는다.

2015년 6월 고2

★ Fleming ☐ ☐ ☐

플레밍(과학자, 의학자, 페니실린 발견자)

A scientist named <u>Fleming</u> discovered Penicillin not on purpose but by accident.

플레밍이란 이름의 과학자는 페니실린을 의도치 않게 우연히 발견했다.

2017년 6월 고2

★★★ profit ☐ ☐ ☐

이익, 수익, 이득

After some losses, it feels great to finally see some <u>profits</u> for this company.

몇몇 실패를 경험하고 나서 회사는 마침내 어느 정도의 이익을 보게 되는 기쁨을 누렸다.

2017년 6월 고1

★ simply

□ □ □

단지, 간단히, 그저, 단순히

<u>Simply</u> press the button and the machine will make a cup of coffee as instructed.

단지 버튼을 누르면 커피를 내리는 기계는 설명서대로 작동할 것이다.

2015년 9월 고1

★★ unique

□ □ □

독특한, 특별한, 특유의

Among people scared of standing out, be <u>unique</u> and be yourself.

🐾 눈에 띄기 싫어하는 사람들 사이에서 독특한 너 자신이 되어라.

2016년 6월 고1

★ validity

□ □ □

타당성, 유효함

The <u>validity</u> of the evidence expired a day before DaOn brought it to the judge.

다온이가 판사에게 가져온 증거 자료들은 가져오기 하루 전에 타당성이 무효화되었다.

2016년 9월 고1

★ predetermine

□ □ □

미리 결정하다, 사전에 결정되다.

It turns out that the winner of the tournament was <u>predetermined</u> before it even started.

경기가 시작하기도 전에 승자는 이미 미리 결정되어 있다고 알려졌다.

2018년 9월 고1

★ persuade ☐ ☐ ☐

설득하다, 납득시키다

SeoHee is exceptionally good at <u>persuading</u> people with her eloquently constructed words.

서희는 특히 사람들을 그녀의 설득력 있는 말로 납득시키는 것에 재능이 있다.

2015년 9월 고2

★ creature ☐ ☐ ☐

생물, 사람, 생명이 있는 존재

SeungHwan thinks that puppies are the cutest <u>creatures</u> on earth.

승환이는 강아지들이 이 세상에서 가장 귀여운 생물이라고 생각한다.

2017년 9월 고2

★ salary ☐ ☐ ☐

급여, 월급, 봉급

JiHyung sued the company after finding out that the <u>salary</u> was lower than what should have been.

지형이는 자신의 급여가 원래의 급여보다 적은 것을 알고 회사를 고소했다.

2015년 6월 고2

★ socialize ☐ ☐ ☐

어울리다, 사회화시키다

Let's take RaOn out and make him <u>socialize</u> since he is always staying in.

라온이가 항상 집에만 있으니까 그를 밖으로 데려가서 사람들과 어울리게 하자.

2014년 9월 고1

★ influencer ☐ ☐ ☐

영향을 주는 사람, 영향력을 행사하는 사람

JunHo did not take part in the riot but he was the <u>influencer</u> for it.

준호는 폭동에 참여하지는 않았지만, 영향력을 행사하는 사람이었다.

2018년 6월 고2

★★ agony ☐ ☐ ☐

(극도의) 고통, 괴로움

The doctors gave SuJeong some painkillers because she was in <u>agony</u> after the accident.

의사는 사고 후 고통을 겪고 있었기에 약간의 진통제를 주었다.

2014년 6월 고2

★ trendy ☐ ☐ ☐

최신 유행의, 유행하는

The magazine always collect items that are <u>trendy</u> and advertise them.

그 잡지는 유행하는 물건들을 모아서 광고한다.

2018년 9월 고1

★ rest ☐ ☐ ☐

휴식, 쉬다, 나머지

Make stops at <u>rest</u> areas when driving up to Georgia since it is a 15 hour drive from here.

이곳으로부터 조지아주까지 15시간이 걸리기에 가는 도중에 휴게소에서 조금씩 쉬세요.

2015년 6월 고1

⭐ warranty ☐ ☐ ☐

보증서

The refrigerator comes with a one year <u>warranty</u> so feel free to contact when there is a problem.

냉장고는 일 년의 보증서와 같이 오니까 문제가 생기면 편히 연락을 주세요.

2019년 6월 고2

⭐ equalizer ☐ ☐ ☐

동등하게 하는, 동점 골

When the team scored an <u>equalizer</u>, the crowd roared with excitement.

팀이 동점 골을 넣었을 때 관중은 기쁨으로 소리를 질렀다.

2014년 6월 고1

⭐ admit ☐ ☐ ☐

인정하다, 자백하다, 입장을 허락하다

ChaeHyun was <u>admitted</u> to the hospital after the doctor did an MRI on her. 🐾

의사는 채현이의 MRI 결과를 보고 그녀의 입원을 허락했다.

2017년 6월 고2

⭐ frontal ☐ ☐ ☐

앞부분의, 정면의

Only the <u>frontal</u> part of the book has a tear, everywhere else is in good condition.

책 앞부분에만 작은 찢어짐이 있고 다른 곳들은 다 좋은 상태이다.

2018년 9월 고2

★ mark ☐ ☐ ☐

표시하다, 흔적을 내다, 기호, 부호

The mark was only understood to those who studied statistics.

그 기호는 통계학을 공부한 사람들에게만 이해가 되었다.

2017년 9월 고1

★ inability ☐ ☐ ☐

무능, 불능, ~를 할 수 없는

HaeNa's inability to walk did not stop her from achieving great things.

해나는 걸을 수 없지만, 그것이 그녀가 위대한 것들을 성취하는 데 장애가 되지 않았다.

2014년 6월 고2

★ civic ☐ ☐ ☐

시민의, 시의, 도시의

The park was designed by the civics to guarantee satisfcation from the citizens.

공원은 시민들의 만족을 얻을 수 있도록 설계되었다.

2015년 9월 고2

★ contemporary ☐ ☐ ☐

동시대의, 현대의

The museum of contemporary art has endless amount of visitors from all over the country. 🐾

현시대의 미술 박물관은 전 세계에서 온 방문자들로 끊이질 않는다.

2015년 9월 고2

★ **vegetation** ☐ ☐ ☐

초목, 식물

This particular type of soil is excellent for <u>vegetation</u>.

이런 특별한 땅은 식물재배에 훌륭하다.

2014년 6월 고2

★ **mood** ☐ ☐ ☐

기분, 분위기

SeoHee and her family was in a good <u>mood</u> for a family movie night and some popcorn.

서희와 그녀의 가족들은 좋은 분위기에서 영화와 팝콘을 즐겼다.

2019년 6월 고1

Day 17

among

urgent

discomfort

campus

accessibility

fantasize

respond

public

inward

hesitate

peer

pessimism

raise

minor

county

🐾 아는 단어가 있나요? 뜻을 적어보세요

miraculous

oxygen

touch

diverse

subject

lousy

peaceful

cautious

bent

organization

lumper

weighted

atop

apparently

coach

Day 17

★ **among** ☐ ☐ ☐

~사이에서, ~의 가운데에

There was a rumor <u>among</u> the students that the principle got arrested for violating the law.

학생들 사이에서는 학장이 법을 어겨서 감옥에 갔다고 이야기가 돌았다.

2014년 9월 고2

★ **urgent** ☐ ☐ ☐

긴급한, 시급한, 다급한

SeungHwan's parents work at the <u>urgent</u> care unit of the hospital near by.

승환이의 부모님은 근처 병원에서 긴급한 환자들을 치료하는 곳에서 일하신다.

2015년 9월 고2

★ **discomfort** ☐ ☐ ☐

불편, 불쾌

Noise coming from upstairs caused <u>discomfort</u> for the whole family.

위층에서의 큰 소음은 온 가족을 불편하게 만들었다.

2016년 9월 고1

★ **campus** ☐ ☐ ☐

교정, 구내

Smoking is strictly prohibited on <u>campus</u> and will be fined of 500 dollars when caught.

흡연은 이 교정 내에서 금지되어 있으며 적발 시 50만 원 상당의 벌금이 부과된다.

2016년 6월 고1

★ accessibility ☐ ☐ ☐

접근하기 쉬움, 접근성,

Easy <u>accessibility</u> is important when it comes to opening a shop.

접근하기 쉬운 것은 가게를 새로 열 때 중요하다.

2016년 9월 고1

★ fantasize ☐ ☐ ☐

공상하다, 환상을 갖다

The students <u>fantasize</u> of having a job and being successful.

학생들은 직업을 가지고 성공하는 것에 대한 환상을 가졌다.

2019년 6월 고1

★ respond ☐ ☐ ☐

응답하다, 반응을 보이다, 대답하다

After all the complaints, the company <u>responded</u> with a letter of apology.

불편을 말한 후에 회사는 사과의 편지로 응답을 했다.

2017년 6월 고1

★ public ☐ ☐ ☐

공공장소, 대중의, 공공의, 대중적으로 공개된

<u>Public</u> was angered when they found out the criminal started another business.

대중은 범죄자가 또 다른 사업을 시작했다는 것을 알고 매우 화가 났다.

2019년 6월 고2

⭐ inward ☐ ☐ ☐

안쪽으로, 마음속의

JiHyung accidentally spoke out what he was thinking <u>inwards</u>.

지형이는 마음속으로 생각하고 있던 생각을 실수로 내뱉었다.

2017년 6월 고2

⭐⭐ hesitate ☐ ☐ ☐

주저하다, 망설이다, 거리끼다

Do not <u>hesitate</u> to ask the people around for help.

주변 사람들에게 도움을 청하는 것을 망설이지 말아라.

2016년 6월 고1

⭐ peer ☐ ☐ ☐

동료

The <u>peers</u> around RaOn seem to have a good influence on him.

라온이의 주변 동료들은 좋은 영향을 그에게 끼치는 것 같다.

2016학년도 9월 고1

⭐ pessimism ☐ ☐ ☐

비관주의적인, 비관적인

<u>Pessimism</u> makes the world gloomy and sad, not bright and cheerful.

비관주의는 세상을 밝고 활기차게 만드는 것이 아니라 우울하고 슬프게 만든다.

2017년 9월 고2

⭐ raise ☐ ☐ ☐

들어 올리다, 인상하다, (자금을) 모으다

RaOn was able to <u>raise</u> enough money for his tuition and housing.

라온은 그의 등록금과 기숙사비를 낼 돈의 충분한 돈을 모았다.

2016년 9월 고1

⭐ minor ☐ ☐ ☐

작은, 가벼운, (대학에서의) 부전공, 미성년자

<u>Minors</u> are prohibited from entering this bar since it is against the law.

미성년자들이 이 술집에 입장하는 것은 법으로 금지되어 있다.

2015년 6월 고1

⭐ county ☐ ☐ ☐

자치군, 지방

JunHo lives in Pinellas <u>county</u> right next to the beach.

준호는 바닷가 옆의 Pinellas 카운티에 산다.

2017년 6월 고1

⭐ miraculous ☐ ☐ ☐

기적적인, 놀랄 만한

<u>Miraculously</u>, the car was fixed and SuJeong was back on the road to Georgia.

기적적으로 차는 고쳐졌고 수정이는 다시 조지아로 가는 길에 올랐다.

2018년 9월 고1

173

★ oxygen ☐ ☐ ☐

산소

When <u>oxygen</u> meets fire, the fire starts to burn brighter.

산소가 불을 만나면 불은 더 활활 타오른다.

2016년 6월 고1

★ touch ☐ ☐ ☐

만지다, 접촉하다, 건드리다

Stop <u>touching</u> the expensive paintings, it will cause damage.

비싼 그림들을 건드리지 마, 훼손되니까.

2019년 6월 고1

★★ diverse ☐ ☐ ☐

다양한, 가지가지의

ChaeHyun was told to take <u>diverse</u> courses to find out what her passion was.

채현은 그녀의 열정을 찾을 수 있게 다양한 수업을 들으라고 조언을 받았다.

2017년 6월 고1

★ subject ☐ ☐ ☐

주제, 대상, 문제, 과목, 피실험자

HaeNa was not paying attention to the class that she does not even know what the <u>subject</u> is.

해나는 수업에 집중을 하지 않아서 무슨 과목을 듣는 지도 몰랐다.

🐾 2014년 9월 고2

★ lousy ☐ ☐ ☐

형편없는, 안 좋은, 엉망의

<u>Lousy</u> reputation will not help when trying to find another job.

형편없는 평판은 직업을 찾는 데 좋지 않은 영향을 끼칠 것이다.

2018년 9월 고1

★ peaceful ☐ ☐ ☐

평화적인, 비폭력적인

The lake seems <u>peaceful</u> and calm, making the weather even more perfect.

평화롭고 잔잔한 호수가 날씨를 더욱 완벽하게 만든다.

2017년 9월 고1

★ cautious ☐ ☐ ☐

조심스러운, 신중한

When driving, be <u>cautious</u> for the motorcyclists since they have a tendency to pop out of nowhere.

보이지 않는 곳에서 갑작스럽게 튀어나올 수 있으니, 운전할 때 오토바이를 조심해라.

2019년 6월 고1

★ bent ☐ ☐ ☐

굽은, 구부러진

How is it possible for DaOn to use <u>bent</u> chopsticks without any discomfort?

어떻게 구부러진 젓가락을 아무런 불편 없이 다온이는 쓸 수 있는 거지?

2017년 6월 고2

★ organization ☐ ☐ ☐

단체, 조직, 준비, 구성

UNICEF is an <u>organization</u> that strives for the well being of all people.

유니세프는 사람들의 삶을 더욱더 좋게 만드는 데 노력하는 단체이다.

2018년 9월 고1

★ lumper ☐ ☐ ☐

중개인, 하역 인부

Do not look down on <u>lumpers</u> and show equal respect as one would to buisnessmen.

중개인을 깔보지 말고 기업 직원들에게 똑같은 존경심으로 대해야 한다.

2015년 9월 고2

★ weighted ☐ ☐ ☐

치우친, 편중된, 무거워진

SeoHee's <u>weighted</u> GPA for this semester was 4.0

서희의 편중된 이번 학점은 4.0이었다.

2017년 9월 고1

★ atop ☐ ☐ ☐

꼭대기에

Standing <u>atop</u> of the mountain, SeungHwan could see the whole city below.

산꼭대기에 서 있으니 승환이는 도시의 전체를 볼 수 있었다.

2016년 9월 고1

★ **apparently** ☐ ☐ ☐

듣자 하니, 보아하니, 겉보기에

<u>Apparently</u>, JiHyung's neighbor's dog went missing yesterday and did not find him.

듣자 하니 지형이의 이웃집 강아지가 어제 없어졌고 아직 못 찾았다고 한다.

2017년 9월 고2

★ **coach** ☐ ☐ ☐

코치, 가르치다, 이등석

The soccer <u>coach</u> for RaOn's younger brother sees potential in him.

축구 코치는 라온이의 남동생에게서 가능성을 본다.

2016년 6월 고1 🐾

Day 18

generalization

continue

outward

manipulate

midst

invest

capacity

ridiculous

announcement

erroneously

employer

ingest

integrative

sweep

steep

🐾 아는 단어가 있나요? 뜻을 적어보세요

pose

self-correct

research

trivet

weigh

vary

pour

beautify

gradually

motion

external

finer

cover

aware

continually

Day 18

★ **generalization** ☐ ☐ ☐

일반화, 보편화, 종합

<u>Generalization</u> of the whole group may disturb certain people because all people are different.

모든 사람들은 다양하기에 전체적인 무리를 일반화하는 것은 사람들을 불편하게 할 수 있다

2018년 9월 고1

★ **continue** ☐ ☐ ☐

계속하다, 지속적인, 연속하다

Even when the players are out of breath, they <u>continue</u> chasing the ball.

심지어 선수들은 숨이 찰 때도 지속적으로 공을 따라다닌다.

2019년 6월 고1

★ **outward** ☐ ☐ ☐

밖으로, 표면상의, 겉보기의, 외형의

The look RaOn gave <u>outwards</u> does not match how he is really feeling inside.

라온이가 표면상으로 나타내는 모습은 그가 정말로 생각하는 것과 다르다.

2017년 6월 고2

★ **manipulate** ☐ ☐ ☐

조종하다, 다루다, 교묘하게 조작하다

There is nothing worse than trying to <u>manipulate</u> someone to one's wishes.

다른 사람을 자기 마음대로 조종하는 것보다 나쁜 것은 없다.

2015년 6월 고2

★ midst ☐ ☐ ☐

중앙, 한가운데

In the <u>midst</u> of ants, JunHo found a piece of candy that someone dropped.

개미들 무리 중앙에서 준호는 누군가 떨어뜨린 사탕 한 조각을 찾았다.

2017년 6월 고1

★ invest ☐ ☐ ☐

투자하다

SuJeong asked her uncle if she could learn how to <u>invest</u> once she saved up a thousand dollars.

수정은 백만 원가량을 모아서 그녀의 이모부에게 투자하는 방법을 알려달라고 물어봤다.

2016년 6월 고1

★★ capacity ☐ ☐ ☐

용량

When the <u>capacity</u> is over what an elevator can hold, alarm goes off.

엘리베이터의 허용 중량이 초과하면 알람이 울린다.

2016년 9월 고1

★ ridiculous ☐ ☐ ☐

말도 안 되는, 터무니없는, 웃기는

ChaeHyun believes that magic is <u>ridiculous</u> and makes no logical sense.

채현이는 마술이 말도 안 되고 터무니없다고 생각한다.

2017년 9월 고1

★ announcement ☐ ☐ ☐

발표, 소식, 알림, 공고, 안내문

HaeNa did not read the <u>announcement</u> since she is the only one without gloves.

🐾 혼자만 장갑을 안 가져온 것을 보면, 해나는 안내문을 읽지 않았다.

2015년 9월 고1

★ erroneously ☐ ☐ ☐

잘못되게, 틀리게

DaOn presented a topic <u>erroneously</u> just to see if the professor catches the error.

다온이는 교수가 잘못된 점을 아는지 확인하려고 일부러 틀린 내용을 발표했다.

2019년 6월 고2

★ employer ☐ ☐ ☐

고용주, 고용인, 사장

Some <u>employers</u> treat the employees with no respect because they think it is their rights.

어떠한 고용주들은 고용한 사람들을 존중하지 않는 것이 정당하다고 생각한다.

2019년 6월 고1

★ ingest ☐ ☐ ☐

삼키다, 섭취하다

<u>Ingesting</u> too much alcohol can cause alcohol poisoning.

너무 많은 술을 마시는 것은 알코올 중독의 원인이 된다.

2014년 9월 고1

★ integrative   □ □ □

통합하는, 인종 차별 폐지의

The first ever <u>integrative</u> elementary school was exposed to lots of threats and violence.

최초의 인종 차별 폐지 초등학교는 협박과 폭력으로부터 위협을 받았다.

2016년 9월 고2

★ sweep   □ □ □

쓸다, 휩쓸고 가다

A strong tsunami will <u>sweep</u> everything away with its powerful and destructive force.

강한 태풍은 모든 것을 엄청난 파괴적인 힘으로 휩쓸고 지나갈 것이다.

2015년 9월 고2

★ steep   □ □ □

가파른, 비탈진, 급격한

Running up a <u>steep</u> hill takes more energy than running on a regular paved road.

비탈진 언덕을 뛰는 것은 편평하게 포장된 도로를 뛰는 것보다 더 많은 힘이 들어간다.

2016년 9월 고1

★ pose   □ □ □

자세를 취하다, 제기하다

SeungHwan told the students to <u>pose</u> for a group picture on a count to 3.

단체 사진을 위해 승환이는 학생 무리에게 셋을 셀 때 자세를 취하라고 했다.

2016년 9월 고2

⭐ self-correct ☐ ☐ ☐

스스로 수정하다

No tutor is needed for JiHyung, he <u>self-corrects</u> whatever error he has made.

지형이에게는 선생님이 필요 없다. 혼자 스스로 잘못된 점을 수정한다.

2016년 9월 고1

⭐ research ☐ ☐ ☐

연구, 조사, 연구하다

The <u>research</u> team for the university found a new species living at the bottom of the ocean.

대학의 연구원들은 바다 밑에 사는 새로운 종을 발견했다.

2014년 9월 고2

⭐ trivet ☐ ☐ ☐

냄비 받침, 삼발이

Put down a <u>trivet</u> on the table since this pot is extremely hot.

이 냄비가 엄청 뜨거우니까, 삼발이를 식탁에 올려놔라.

2018년 9월 고1

⭐ weigh ☐ ☐ ☐

저울질하다, 무게를 재다

<u>Weigh</u> the plastic tube without the substance first and record the measurement.

플라스틱 튜브를 내용물 없이 무게를 재고 결과를 적어 놔라.

2017년 9월 고2

★★ vary

달라지다, 변화하다

The physical appearance of a butterfly from the beginning to the end of their life **vary**.

처음 태어났을 때부터의 나비의 신체적 외형은 변화한다.

2017년 9월 고2

★ pour

붓다, 따르다

Take out the basket full of dirty water and **pour** it out into the container outside.

더러운 물을 담고 있는 바구니를 밖에 있는 통에다가 부어라.

2016년 9월 고1

★ beautify

아름답게 하다

RaOn's mission was to **beautify** JunHo in time for his wedding.

라온이의 미션은 준호를 그의 결혼 시간에 맞춰 아름답게 해 주는 것이다.

2016년 9월 고1

★ gradually

서서히, 점차, 차츰

Once SuJeong started to push the car with other people, the car **gradually** started to move.

수정이가 다른 사람과 함께 차를 밀기 시작하니 서서히 차가 움직였다.

2016년 9월 고1

⭐ motion ☐ ☐ ☐

움직임, 동작, 신호

Give ChaeHyun a <u>motion</u> when HaeNa is out of the room so we can decorate her room for her.

우리가 그녀를 위해 방을 꾸밀 수 있게 해나가 나가면 채현이에게 신호를 줘라.

2016년 9월 고2

⭐ external ☐ ☐ ☐

외면의, 외부의, 밖의

<u>External</u> temperature was at 33 degrees celcius while the temperature inside the building was 20.

외부 온도는 33도지만 실내의 온도는 20도였다.

2015년 9월 고2

⭐ finer ☐ ☐ ☐

더 좋은, 더 미세한

Try using a <u>finer</u> pointed pen to draw more detailed and delicate design.

더 미세하고 상세한 디자인을 그리기 위해서는 가느다란 펜의 사용을 시도해 봐라.

2016년 9월 고2

⭐ cover ☐ ☐ ☐

가리다, 씌우다, 덮다, 다루다, 포함시키다

DaOn never forgets to <u>cover</u> her bike with a sheet in case of rain.

다온이는 비올 때를 대비하여 그녀의 자전거를 덮는 것을 절대 까먹지 않는다.

2018년 6월 고1

★★ aware □ □ □

자각하고 있는, ~를 알고 있는, 의식하는

Stop SeoHee from going over the fence that says be <u>aware</u> of tigers.

호랑이가 있다는 사실을 알려서 서희가 담을 넘어가지 않도록 막아라.

2016년 6월 고1

★ continually □ □ □

연속적으로, 계속적으로, 끊임없이

<u>Continually</u> trying to think of what to write can tire out the brain.

계속적으로 쓸 내용을 생각하면 뇌가 피곤해진다.

2018년 9월 고2

Day 19

burnout

mute

one-sided

recognize

message

worthwhile

find

sweatshop

volunteer

sting

portfolio

range

delightful

ubiquitous

socioeconomic

interrelationship

ego

complicate

innocence

implicate

appointment

scope

marketed

dominate

unsupported

roughly

contrary

instantly

perhaps

speechless

★ burnout ☐ ☐ ☐
극도의 피로, 에너지를 소진하다

After SeungHwan ran from one side of the train to the other side, he was <u>burntout</u>.
기차의 한 곳에서부터 끝까지 뛴 승환이는 극도의 피로를 느꼈다.

2015년 9월 고1

★ mute ☐ ☐ ☐
무언의, 말 없는, 벙어리

If he is a <u>mute</u>, take some lessons to learn sign language and communicate with him.
지형이가 말을 못한다면, 수화를 배워서 대화를 나눠라.

2017년 6월 고1

★ one-sided ☐ ☐ ☐
한쪽으로 치우친, 편파적인

To resolve a conflict, the effort needs to be made by both sides not <u>one-sided</u>.
갈등을 해결하기 위해선 한쪽만이 아닌 양쪽 모두의 노력이 필요하다.

2015년 9월 고1

★ recognize ☐ ☐ ☐
알아보다, 인식하다

It is hard to <u>recognize</u> RaOn when he is wearing a mask that covers half of his face.
라온이가 얼굴 반쪽을 가리는 마스크를 쓰고 있으면 그를 인식할 수가 없다.

2016년 9월 고1

★ **message** ☐ ☐ ☐

메시지, 전보, 교훈

The <u>message</u> behind the story JunHo told us is that people need to respect others.
준호가 알려 준 이야기의 교훈은 사람들은 타인을 존중해야 한다는 것이다.

2019년 6월 고1

★ **worthwhile** ☐ ☐ ☐

가치 있는, ~할 보람이 있는

All this schooling will be <u>worthwhile</u> once SuJeong graduates and gets a job.
이 모든 배움의 과정은 수정이가 졸업하고 직업을 가지면 가치가 있을 것이다.

2016년 9월 고1

★ **find** ☐ ☐ ☐

발견하다, 찾다, 알게 되다

<u>Finding</u> the lost ring on the beach seems impossible but let's try.
해변에서 잃어버린 반지를 찾는 것은 불가능할 것 같지만 해보자.

2019년 6월 고1

★ **sweatshop** ☐ ☐ ☐

노동력 착취의 현장

ChaeHyun strives to get rid of as many <u>sweatshops</u> as she can for the humanity.
채현은 노동력 착취의 현장을 최대한 없애기 위해서 노력한다.

2018학년 9월 고1

★ volunteer ☐ ☐ ☐
자원봉사, 자원봉사자, 자발적으로 하는 사람

HaeNa <u>volunteers</u> at the emergency room of the hospital her aunt works for.

해나는 그녀의 이모가 일하는 병원 응급실에서 자원봉사자로 일을 한다.

2015년 6월 고1

★ sting ☐ ☐ ☐
쏘다, 찌르다, 따끔거리다

To prevent <u>stinging</u> while chopping onions, light up a candle near by.

양파를 썰 때 눈이 따끔거리는 것을 방지하려면 양초를 가까이 켜라.

2015년 9월 고2

★ portfolio ☐ ☐ ☐
작품집, 포트폴리오

Students that major in art need to create a <u>portfolio</u> and submit it as their final assignment.

미술을 전공하는 학생들은 기말 과제로 작품집을 완성해 제출해야 한다.

2016년 6월 고1

★★ range ☐ ☐ ☐
범위, 다양성, 거리

The <u>range</u> of colors that can be created by mixing is endless.

혼합에 의해 만들 수 있는 색깔의 범위는 무궁무진하다.

2017년 6월 고1

★ **delightful** ☐ ☐ ☐

마음에 드는, 정말 기분 좋은

Having a relaxing day instead of running around outside sounds <u>delightful</u>.

밖에서 바쁘게 돌아다니는 대신 편한 휴식을 취하는 것은 정말 기분 좋은 일이다.

2015년 9월 고2

★ **ubiquitous** ☐ ☐ ☐

아주 흔한, 어디에나 있는

The vaccum that once was hard to find is now <u>ubiquitous</u>.

그 청소기는 한때 찾기 어려웠다가 지금은 아주 흔한 것이 되었다.

2018년 9월 고2

★ **socioeconomic** ☐ ☐ ☐

사회 경제적, 사회 경제적인

DaOn thinks that not even the professors fully understand when lecturing <u>socioeconomic</u> class.

다온이는 교수들조차 수업할 때 사회 경제를 제대로 이해하지 못한다고 생각한다.

2017년 9월 고1

★ **interrelationship** ☐ ☐ ☐

연관성, 상호 관계가 있는

There needs to be <u>interrelationship</u> between the ecosystem for it to work.

생태계에는 상호 관계가 있어야지 잘 돌아간다.

2017년 9월 고1

193

★ ego

자존심, 자부심, 자아

Maybe have less of a <u>ego</u> and start acting more humble.

자존심을 조금 버리고 조금 더 겸손해져라.

2015년 6월 고2

★ complicate

복잡하게 하다, 악화시키다

Not labelling what all these objects are can <u>complicate</u> things when delivering.

이 제품들에 이름표를 달지 않는 것은 배달할 때 복잡하게 만들 것이다.

2014년 6월 고1

★ innocence

결백, 무죄, 천진

SeoHee's lawyer worked endless days and nights and proved her <u>innocence</u>.

서희의 변호사는 끝없이 많은 시간 동안 그녀의 결백을 입증하기 위해 일했다.

2016년 9월 고1

★ implicate

연루시키다, 포함하다, 함축하다

The candies given out by SeungHwan <u>implicates</u> a vote for him on the upcoming election.

승환이가 준 사탕 안에는 그를 위해 투표하라는 말이 함축되어 있었다.

2018년 9월 고1

★ appointment ☐ ☐ ☐

약속, 지명

JiHyung was tardy to school because he had an <u>appointment</u> with his doctor in the morning.

지형이가 학교에 지각한 이유는 의사와 아침에 진료 약속이 있었기 때문이다.

2019년 6월 고2

★ scope ☐ ☐ ☐

(무엇을 하거나 이룰 수 있는) 기회, 여지

The snake stayed hidden looking for a <u>scope</u> to capture the mouse.

뱀은 계속 숨어 있다가 쥐를 잡기 위한 기회를 엿본다.

2015년 6월 고1

★ marketed ☐ ☐ ☐

광고되다, 마케팅하다

The house is being <u>marketed</u> for a fair amount of money for the neighborhood it is in.

그 집은 좋은 장소에 있는 적당한 가격으로 광고되고 있다.

2018년 9월 고1

★ dominate ☐ ☐ ☐

지배하다, 군림하다, 압도적으로 우세한

When it comes to tigers versus lions, which <u>dominates</u> which?

호랑이와 사자가 싸우면 누가 압도적으로 우세할까?

2016년 9월 고2

⭐ unsupported 　□ □ □

후원되지 않은, 뒷받침이 없는, 지지되지 않은

<u>Unsupported</u> candidates eventually falls out of competition.

지지되지 않은 후보자들은 결국 경쟁에서 떨어진다.

2019년 6월 고2

⭐ roughly 　□ □ □

대략, 거의, 거칠게, 험하게

<u>Roughly</u> speaking, it looks like there are at least thousands of clothes.

대략 말하자면, 여기에는 최소 수천 벌의 옷들이 있어 보인다.

2016년 9월 고2

⭐⭐ contrary 　□ □ □

반대의

On a <u>contrary</u>, that couch does look appealing for the new house.

반대로, 이 소파는 새로운 집에 잘 어울려 보인다.

2016년 9월 고1

⭐ instantly 　□ □ □

즉각, 즉시

SuJeong <u>instantly</u> figured out a way to get out of the maze.

수정이는 미로에 들어선 즉시 탈출할 길을 찾아냈다.

🐾 2015년 6월 고1

★ perhaps ☐ ☐ ☐

아마, 어쩌면, 아마도

<u>Perhaps</u> ChaeHyun does not feel comfortable telling the whole school that she failed all her classes.

아마도 채현이는 학교에 그녀가 수업에 통과하지 못했다고 말하기 불편한 것 같다.

2016년 6월 고1

★ speechless ☐ ☐ ☐

말을 못하는, 말이 없는

The performance by the bands left the audience <u>speechless</u>.

밴드의 공연은 관객들이 말을 못할 정도로 놀랍게 했다.

2016년 9월 고1

197

Day 20

mandatory

invent

photograph

modify

hardship

anatomy

tender

inefficient

masterpiece

least

derive

attractiveness

composer

distasteful

discuss

🐾 아는 단어가 있나요? 뜻을 적어보세요

slam

patron

electronic

desire

novel

reawaken

preparatory

strive

context

judgment

thresh

preadolescence

availability

migration

paradox

Day 20

★ mandatory   ☐ ☐ ☐

의무적인, 필수의, 명령의

Exactly at 3, there will be a <u>mandatory</u> meeting for the 4th floor residents.

정확히 세 시에 4층에 사는 사람들이 필수적으로 참여해야 하는 회의가 있을 예정이다.

2018년 9월 고1

★ invent   ☐ ☐ ☐

발명하다, 지어내다

HaeNa believes that she can <u>invent</u> something better than the airplanes.

해나는 자신이 비행기보다 더 좋은 발명을 할 수 있을 것이라고 믿는다.

2016년 9월 고2

★ photograph   ☐ ☐ ☐

사진

Looking through the <u>photographs</u> brings back so much memory.

사진을 보니까 너무 많은 기억이 생각난다.

2019년 6월 고1

★ modify   ☐ ☐ ☐

변형하다, 수정하다, 변경하다

The new model that the company came out with is a <u>modified</u> version of the previous one.

회사가 새로 디자인한 모델 제품은 지난 모델의 수정판이다.

2015년 9월 고2

★ hardship ☐ ☐ ☐

어려움, 곤란, 고난

After years of <u>hardship</u>, DaOn was gifted with endless blessings.

몇 년의 어려움 끝에 다온이는 끝없는 축복을 받았다.

2017년 9월 고2

★ anatomy ☐ ☐ ☐

해부학, 구조

<u>Anatomy</u> lecture itself is not that fascinating but the lab is.

해부학 수업은 재미없지만, 해부학 실험은 흥미롭다.

2016년 9월 고2

★ tender ☐ ☐ ☐

부드러운, 연한, 제출하다, 상냥한

The leather sheet on the interior of this car is very <u>tender</u> so be careful.

차 안에 있는 가죽 시트는 연해서 조심해야 된다.

2014년 9월 고1

★ inefficient ☐ ☐ ☐

비효율적인, 효과적이지 않은

Studying a day before the exam is a very <u>inefficient</u> way to study.

시험 직전에 공부하는 것은 비효율적인 공부 방법이다.

2014년 6월 고2

★ masterpiece ☐ ☐ ☐

걸작, 명작, 일품

What everyone thought of a failure turned out to be a <u>masterpiece</u>.

모든 사람이 실패작이라고 생각했던 것이 걸작이 되었다.

2014년 9월 고1

★ least ☐ ☐ ☐

가장 적은, 최소한의, 최소

At the very <u>least</u>, it will cost SeoHee 100 dollars.

최소한으로 서희의 백 달러 정도의 돈이 들 것이다.

2014년 9월 고1

★ derive ☐ ☐ ☐

끌어내다, 얻다, ~에서 비롯되다

These metals were <u>derived</u> from an underground railroad about a decade ago.

이 금속들은 약 10년 전에 지하철로로부터 발견되어 졌다.

2014년 6월 고2

★ attractiveness ☐ ☐ ☐

끌어당기는 힘, 매력

SeungHwan has many friends due to his <u>attractiveness</u>.

승환이는 매력이 있어서 주변에 사람들이 많다.

2018년 9월 고2

⭑ composer ☐ ☐ ☐

작곡가

JiHyung decided to pursue his career as an <u>composer</u> instead of an architect. 🐾
지형이는 건축가 대신에 작곡가로서 직업을 갖겠다고 결정했다.

2018년 6월 고1

⭑ distasteful ☐ ☐ ☐

불쾌한, 혐오스러운

After hearing about what happened, RaOn became <u>distasteful</u> towards the president.
라온이는 대통령이 한 일을 듣고 나서 불쾌했다.

2014년 9월 고2

⭑ discuss ☐ ☐ ☐

상의하다, 의논하다, 논하다

Someone needs to initiate the conversation to <u>discuss</u> the upcoming election.
다가오는 선거에 대해 의논을 하기 위해선 누군가가 말을 시작해야 한다.

2018년 6월 고1

⭑ slam ☐ ☐ ☐

세게 닫다, 쾅 닫다

JunHo got in trouble for <u>slamming</u> his door after he was scolled by his parents.
준호는 부모님에게 핀잔을 듣고 문을 쾅 닫아서 문제를 일으켰다.

2017년 6월 고2

★ patron □ □ □

후원자, 홍보 대사, 고객

Patrons are what runs this company and can not loose them.

후원자들이 이 회사를 운영하고 있어서 그들을 놓치면 안 된다.

2019년 6월 고2

★ electronic □ □ □

전자의, 전자 작용의

There is a electronic music festival near the amusement park.

전자 음악 축제가 근처 놀이공원에서 열린다.

2018년 6월 고1

★★★ desire 🐾 □ □ □

욕구, 갈망, 바람

Sometimes not every desire would be met when socializing in a group.

어떤 때는 무리와 사회생활을 할 때 바람대로 되지 않는 일들이 있다.

2016년 9월 고1

★ novel □ □ □

소설, 독창적인, 기발한, 새로운

Apparently this novel is the number one best seller in the nation.

이 소설이 전국에서 가장 유명한 소설책이래.

2017년 9월 고2

★ reawaken □ □ □

환기시키다, 다시 불러일으키다

The scent of the ocean <u>reawakened</u> SuJeong's memory of a trip her family a few years ago.

바다의 향이 수정이에게 몇 년 전 가족과의 여행 기억을 환기시켰다.

2017년 6월 고1

★ preparatory □ □ □

준비를 위한, 대비의

Due to the circumstances, use the <u>preparatory</u> equipments instead of the original ones.

상황에 따라서 원래의 장비 말고, 대비를 위해 챙겨온 물건들을 써라.

2018년 6월 고1

★ strive □ □ □

노력하다, 애쓰다, 싸우다, 겨루다

ChaeHyun always <u>strives</u> for excellency and gets discouraged when not.

채현이는 완벽을 위해 항상 노력하지만 그렇게 되지 않으면 실망한다.

2015년 6월 고2

★ context □ □ □

맥락, 문맥

The whole passage does not fit in <u>context</u> with the other ones so get rid of it.

이 모든 문단의 내용은 다른 글과 문맥이 맞지 않으니 없애라.

2018년 6월 고1

★ judgment ☐ ☐ ☐

판단, 심판, 평가

They don't need the <u>judgments</u> from others, they are having enough of a hard time.

그들은 다른 사람들의 판단이 필요 없다. 이미 힘든 날들을 보내고 있다.

2018년 9월 고2

★ thresh ☐ ☐ ☐

탈곡하다, 때리다

<u>Threshing</u> each grain of rice cannot be done manually but mechanically.

쌀을 일일이 탈곡하는 것은 수작업으로는 못하고 기계를 통해서 가능하다.

2016년 9월 고2

★ preadolescence ☐ ☐ ☐

사춘기 이전, 청년기 이전의

<u>Preadolescence</u> child needs love and support from their family.

사춘기 이전의 아이들은 가족들의 사랑과 뒷받침이 더욱 중요하다.

2018년 6월 고2

★ availability ☐ ☐ ☐

유효성, 유용성, 가능성, 여유

After checking the schedule, HaeNa could not find <u>availability</u> to fit another client in this week.

스케줄을 확인하니, 이번 주는 해나가 다른 고객에게 시간을 맞출 여유가 없는 것을 깨달았다.

2014년 6월 고2

★ migration ☐ ☐ ☐

이주, 이송, 옮겨 살기

The <u>migration</u> of birds was caught on camera by the geographic team.

새들의 이주는 지리학 단체의 카메라에 찍혔다.

2014년 9월 고2

★ paradox ☐ ☐ ☐

역설적인, 역설

The moral <u>paradox</u> of DaOn made people around her frown with discomfort.

다온이의 도덕적인 역설은 주변 사람들을 불편함으로 얼굴을 찌푸리게 했다.

2014년 6월 고2

Day 21

largely

millennium

motivate

literature

hindrance

keen

unless

multiply

concentrate

mumble

encounter

approval

household

downgrade

valid

🐾 아는 단어가 있나요? 뜻을 적어보세요

caution

warehouse

nowhere

collusion

pedestrian

similarity

urgency

outflow

predictor

enhancement

inventor

imperial

limit

spontaneously

hatch

Day 21

★ largely ☐ ☐ ☐

크게, 대체로, 주로

This business is <u>largely</u> influenced by the current political trend.

이 회사는 현재 정치에 크게 영향을 받는다.

2018년 9월 고2

★ millennium ☐ ☐ ☐

천년

Every <u>millennium</u>, there is a worldwide celebration festival.

항상 천 년마다 세계적인 축제가 열린다.

2019년 6월 고1

★★ motivate ☐ ☐ ☐

동기를 부여하다, 이유가 되다

When asked the <u>motivation</u> behind the hard work, SeoHee answered "passion".

열심히 노력하는 것 뒤의 동기가 무엇이냐고 물으면 서희의 대답은 열정이었다.

2014년 6월 고2

★ literature ☐ ☐ ☐

문학, 문헌

Why does the professor want the students to run the ground when it is an <u>literature</u> class?

왜 교수들은 학생들에게 문학 시간에 운동장을 달리라고 그러는 거지?

2015년 9월 고1

★ hindrance □ □ □

장애, 방해, 장애물

No <u>hindrance</u> will cause SeungHwan to quit his place in marathon.

어떠한 장애물도 승환이가 마라톤 하는 것을 멈추게 하지 못할 것이다.

2016년 9월 고2

★ keen □ □ □

열정적인, 예리한, ~를 열망하는

JiHyung is very <u>keen</u> to keeping the house clean and neat.

지형이는 집을 깨끗하고 단정하게 하는 것에 열정적이다.

2015년 6월 고2

★ unless □ □ □

~하지 않는 한, ~이 아닌 한

<u>Unless</u> there is a storm coming, the school will continue with the schedule planned.

태풍이 오지 않는 이상 학교는 계획한 바대로 정상적으로 운영이 될 것이다.

2018년 6월 고1

★ multiply □ □ □

곱하다, 많이 증가시키다

4 <u>multiplied</u> by 6 equals not 23 but 24.

4 곱하기 6은 23이 아니라 24이다.

2016년 9월 고2

⭐ concentrate ☐ ☐ ☐
집중하다, 전념하다, 농축시키다

No one can <u>concentrate</u> when they have been working for 48 hours straight.
48시간 동안 쉬지 않고 일하면 아무도 집중을 할 수 없다.

2017년 9월 고1

⭐ mumble ☐ ☐ ☐
중얼거리다, 중얼거림

The teacher pointed RaOn out for <u>mumbling</u> something underneath his breath.
선생님은 라온이가 뭔가 중얼거리는 것을 지적했다.

2017년 6월 고2

⭐ encounter ☐ ☐ ☐
부딪히다, 접하다, 마주하다, 맞닥뜨리다.

When hikers <u>encounter</u> bears, they are told to leave the bags and run as fast as they can.
산악인들이 곰을 맞닥뜨릴 때, 가방을 버리고 달릴 수 있는 최대한의 속도로 달리라고 들었다.

2015년 6월 고2

⭐ approval ☐ ☐ ☐
허락, 인정, 승인, 찬정, 지지

In order to launch the rocket, there needs to be an <u>approval</u>.
로켓을 발사하려면 허락이 있어야 한다.

2018년 9월 고2

★ household □ □ □

가정, 가족, 식솔

SuJeong lives in a <u>household</u> with 10 dogs as pets.

수정이는 열 마리의 애완견이 있는 가정에서 산다.

2018년 9월 고2

★ downgrade □ □ □

떨어뜨리다, 격하시키다

When the news was public, it <u>downgraded</u> the value of the building.

그 소식이 알려졌을 때 빌딩의 가치는 떨어졌다.

2018년 6월 고2

★ valid □ □ □

유효한, 타당한

This ticket says it is <u>valid</u> through the entire summer break.

이 티켓은 여름 방학 내내 유효하다고 적혀 있다.

2014년 9월 고1

★ caution □ □ □

조심, 경고, 주의

Please pay <u>caution</u> when stepping because the road is unstable.

제발 걸을 때 조심해서 걸어라, 이 도로는 굉장히 불안정하다.

2014년 6월 고2

★ warehouse □ □ □

창고

The main building looks very clean but the <u>warehouse</u> is full of rats.

중심 건물은 매우 깨끗해 보이지만 창고에는 쥐들이 득실거린다.

2018년 9월 고1

★ nowhere □ □ □

아무 데도, 어디에도 (없는, ~않다)

They went to the place where the advisor told them to, but rabbits were <u>nowhere</u> to be found.

조언자가 말했던 장소로 그들이 갔지만, 토끼는 아무 데도 보이지 않았다.

2014년 6월 고1

★ collusion □ □ □

결탁, 공모

Invite as many people as one can to the <u>collusion</u> event that will happen in 2 days.

이틀 뒤에 열리는 공모 이벤트에 초대할 수 있는 최대한의 사람들을 초대해라.

2018년 6월 고2

★ pedestrian □ □ □

보행자, 도보

<u>Pedestrians</u> can be mindless when walking and run in to a poll.

보행자들은 걸을 때 생각 없이 걷다가 전봇대에 머리를 부딪친다.

2017년 9월 고2

★ similarity ☐ ☐ ☐

유사성, 유사점, 닮음

The <u>similarity</u> between those two friends is incredibly a lot.

두 명의 친구 사이에 유사점은 놀라울 만큼 많다.

2016년 9월 고2

★ urgency ☐ ☐ ☐

긴급, 절박, 급박, 위급

There was an <u>urgency</u> and the people inside the building evacuated.

위급한 상황이 있었고, 빌딩 안에 있던 사람들은 대피했다.

2019년 6월 고2

★ outflow ☐ ☐ ☐

유출, 새어 나감

Top businesses take extreme caution of the <u>outflow</u> of information.

유명한 회사들은 비밀스러운 정보가 유출되지 않도록 조심한다.

2014년 6월 고2

★ predictor ☐ ☐ ☐

예측 변수

There was a <u>predictor</u> that no one saw coming.

아무도 다가오는 것을 보지 못한 변수가 있었다.

2017년 9월 고1

★ enhancement ☐ ☐ ☐

증대, 향상, 상승, 개선시키다, 증강

After the graduates left, the school went in to construction for the <u>enhancement</u> of the building.

졸업생들이 떠나고 난 뒤, 학교는 건물을 보강하기 위한 건축을 시작했다.

2017년 6월 고2

★ inventor ☐ ☐ ☐

발명가, 창안자

Nobel prizes are mostly awarded to <u>inventors</u> and scientists.

노벨상은 대부분 발명가와 과학자들에게 수여 된다.

2014년 9월 고2

★ imperial ☐ ☐ ☐

제국의, 장엄한, 뛰어난

Only the <u>imperial</u> athletes compete in the Olympics.

올림픽에는 뛰어난 선수들만이 참가할 수 있다.

2016년 9월 고2

★★ limit ☐ ☐ ☐

제한, 한계, 제한하다, 한정하다

The amount of tickets are <u>limited</u>, so get it while they are still here.

티켓의 개수는 제한이 있으니 남아 있을 때 사야한다.

2017년 6월 고1

★ spontaneously ☐ ☐ ☐

즉흥적인, 자발적인

<u>Spontaneously</u> planned trips are the best kind of adventure.

즉흥적으로 짠 여행은 최고의 모험이다.

2015년 6월 고1

★ hatch ☐ ☐ ☐

부화하다, 승강구

Wait for the eggs to <u>hatch</u> and then clean the nest.

알들이 부화할 때까지 기다렸다가 둥지를 치워라.

2014년 6월 고2

Day 22

personal

face

disaster

emit

intolerable

precede

dietary

tube

install

prime minister

organize

foster

intervention

input

necessary

아는 단어가 있나요? 뜻을 적어보세요

community

experience

maximum

supplement

pasture

inequality

hang

philosophical

discard

negotiation

decide

granite

combat

resemblance

blossom

★★ **personal** ☐ ☐ ☐

개인적인

JiHyung and RaOn know each other <u>personally</u>.

지형이와 라온이가 개인적으로 아는 사이인 것 같다.

2016년 9월 고1

★ **face** ☐ ☐ ☐

얼굴, 직면하다

There is paper on SuJeon's <u>face</u>, should we tell her?

수정이의 얼굴에 종이가 있는데, 그녀에게 말해 줘야 될까?

2015년 6월 고2

★ **disaster** ☐ ☐ ☐

참사, 재난, 재해

There are many <u>disasters</u> in the world.

세상에는 많은 재난이 존재한다.

2016년 6월 고1

★ **emit** ☐ ☐ ☐

방출하다, 내뿜다, 내다

Stars <u>emit</u> so much more energy than people normally would think.

사람들이 생각하는 것보다 별은 많은 에너지를 방출한다.

2016년 9월 고2

★ intolerable ☐ ☐ ☐

견딜 수 없는, 참을 수 없는

When it becomes <u>intolerable</u>, DaOn said it was okay to leave.

견딜 수 없을 정도가 되면 다온이는 떠나도 괜찮다는 얘기를 들었다.

2017년 9월 고2

★ precede ☐ ☐ ☐

~에 앞서다, 선행하다, 앞서다

The company is known for its <u>preceding</u> way of marketing.

그 회사는 앞서는 마케팅 방법으로 유명하다.

2014년 6월 고2

★ dietary ☐ ☐ ☐

음식물의, 식이 요법의, 음식의

<u>Dietary</u> intake is important in human health.

음식물을 섭취하는 것은 사람 건강에 중요하다.

2015년 6월 고2

★ tube ☐ ☐ ☐

관, 튜브, 통

Water the plants with a <u>tube</u> full of water when it is sunny outside.

햇빛이 있을 때 물통을 가득 채워서 식물에게 물을 줘야 한다.

2014년 6월 고2

★ install ▢ ▢ ▢

설치하다, 설비하다, 장치하다

<u>Installing</u> a bathtub takes a few days so patience is required.

욕조를 설치하는 것은 며칠이 걸려서 참을성이 필요하다.

2014년 9월 고2

★ prime minister ▢ ▢ ▢

수상, 국무총리

It became a huge issue when the <u>prime minister</u> decided to visit North Korea.

국무총리가 북한을 간다고 결정했을 때 큰 이슈가 되었다.

2016년 6월 고1

★ organize ▢ ▢ ▢

정리하다, 구조화하다, 준비하다

<u>Organizing</u> the closet by color is more efficient in finding clothes.

옷장을 색깔별로 정리하는 것은 나중에 옷 찾을 때 더 효율적이다.

2019년 6월 고1

★★ foster ▢ ▢ ▢

발전시키다, 양육하다, 돌봐주다

JiHyung's family decided to <u>foster</u> a new born from America

🐾 지형이의 가족은 미국에서 태어난 갓난아기를 양육하기로 결정했다.

2017년 9월 고1

★ intervention ☐☐☐

개재, 중재, 간섭, 개입

No <u>intervention</u> will be allowed during the competition and will be punished if commiting

경기 중간에 개입은 금지되며 어길 시 나중에 처벌을 받을 것이다.

2015년 6월 고1

★ input ☐☐☐

조언, 투입, 정보

Make categories and label one of them as <u>input</u> and the other one output.

카테고리를 만들고 하나를 투입이라고 제목 짓고 다른 하나를 결과라고 제목을 지어라.

2019년 6월 고1

★★ necessary ☐☐☐

필요한, 필수적인, 불가피한

Even though it is not <u>necessary</u> to do so it is encouraged.

비록 꼭 필수적이진 않지만, 그렇게 하는 것을 권장한다.

2017년 6월 고1

★★ community ☐☐☐

주민, 지역 사회, 공동체

The <u>community</u> became one and raised enough money to support the building of the school.

주민들은 하나가 되어 학교를 건설하는 데 충분한 돈을 모았다.

2016년 6월 고1

223

★★ experience

□ □ □

경험, 체험, 겪다

During the summer vacation, they <u>experienced</u> a lot of outdoor activities

여름휴가 기간 동안, 그들은 많은 야외 활동을 경험했다.

2014년 9월 고1

★ maximum

□ □ □

최대치의, 최고의, 최대

The <u>maximum</u> amount of tomatos RaOn can hold in his mouth is 10.

라온이가 입에 넣을 수 있는 최대치의 토마토는 10개이다.

2016년 6월 고1

★ supplement

□ □ □

보충, 추가, 보충물

Never forget the importance of taking <u>supplements</u> and take them daily.

보충제의 중요성을 까먹지 말고 매일 섭취해라.

2016년 9월 고2

★ pasture

□ □ □

초원, 목초지, 환경

The wide <u>pasture</u> is perfect for the horses to run around.

넓은 초원은 말들이 뛰기에 완벽하다.

2015년 6월 고2

★ inequality ☐ ☐ ☐

불평등, 불균형

There should be no <u>inequality</u> based on race.

인종에 따른 불평등은 없어야 한다.

2017년 9월 고1

★ hang ☐ ☐ ☐

걸다

As soon as SuJeong entered the room, she <u>hung</u> up her jacket.

수정이가 방에 들어서자마자 그녀는 재킷을 옷장에 걸었다.

2016년 9월 고1

★ philosophical ☐ ☐ ☐

철학적인, 철학의

<u>Philosophical</u> questions gets harder to answer the more thought is put into it.

철학적인 문제들은 생각을 하면 할수록 어려워진다.

🐾 2017년 9월 고2

★ discard ☐ ☐ ☐

버리다, 폐기하다

<u>Discard</u> waste as instructed by the government for bettering the environment.

더 나은 환경을 만들기 위해 정부의 지침대로 쓰레기를 폐기해야 한다.

2018년 9월 고1

★ negotiation ☐ ☐ ☐

협상, 협의, 절충

During a meeting, <u>negotiation</u> is used to achieve desired outcomes.

회의 중에 협상은 원하는 결과를 위해 사용되어 진다.

2016년 9월 고1

★ decide ☐ ☐ ☐

결정하다

<u>Deciding</u> which subject to study first is the most complex thing.

어떤 과목을 먼저 공부할 지를 결정하는 것은 어려운 일이다.

2016년 9월 고1

★ granite ☐ ☐ ☐

화강암

This desk is more pricey because it is made out of <u>granite</u>.

이 책상은 화강암으로 만들어졌기 때문에 가격이 조금 비싸다.

2015년 6월 고1

★ combat ☐ ☐ ☐

전투, 싸움, (좋지 않은 일의 발생을) 방지하다

There was a big <u>combat</u> on the hill next to the house in 1950.

1950년에 그 집 근처의 언덕에서 큰 전투가 있었다.

2016년 9월 고1

★ resemblance □ □ □

닮음, 비슷한, 유사한

The design of the store is incredibly similar to that of a <u>spaceship</u>.

가게 안의 디자인과 우주선과의 유사한 점이 대단하다.

2016년 9월 고2

★ blossom □ □ □

꽃이 피다, 꽃, 번창하다, 번영하다

It is the time of year the flowers start to <u>blossom</u>.

이맘때는 꽃들이 피기 시작하는 시기이다.

2017년 6월 고1

Day 23

vervet

adjust

shatter-proof

crowded

stubby

maze

opportunity

perfection

reputation

stargaze

pronunciation

shake

depiction

empathetic

difference

아는 단어가 있나요? 뜻을 적어보세요

comfortable

noticeable

edible

undermine

spatial

wound

matter

parchment

subtract

meteorite

communication

realistic

capture

audience

hardworking

★ vervet ☐ ☐ ☐

(긴꼬리원숭이의 일종) 버빗원숭이

They all went to the zoo just to see the <u>vervet</u> eat a banana.

그들은 모두 버빗원숭이가 바나나를 먹는 모습을 보기 위해 동물원으로 갔다.

2015년 9월 고1

★ adjust ☐ ☐ ☐

적응하다, 바로잡다, 조정하다, 조절하다

<u>Adjust</u> the straps accordingly so the life jacket does not slip off.

구명조끼가 벗겨지지 않게 줄을 딱 맞게 조절해라.

2016년 9월 고2

★ shatter-proof ☐ ☐ ☐

바스러지지 않는

This glass cup is made with <u>shatter-proof</u> material so it does not break ever.

이 유리컵은 바스러지지 않는 유리로 만들어져서 절대 부서지지 않는다.

2017년 6월 고2

★ crowded ☐ ☐ ☐

붐비는, 복잡한, 빡빡한, ~이 가득한

The circus tent was <u>crowded</u> with people from all over the world.

서커스단의 텐트는 각국에서 온 사람들로 붐볐다.

2017년 6월 고1

★ **stubby** ☐ ☐ ☐

뭉툭한, 짤막한

SuJeong collects <u>stubby</u> pencils and recycles them into making art works.

수정이는 뭉툭해진 연필들을 모아 예술품을 만드는 데 재활용한다.

2014년 9월 고2

★ **maze** ☐ ☐ ☐

미로, 복잡한 것

Figuring what ChaeHyun wants has always been a <u>maze</u> because she does not say.

채현이가 아무런 말을 하지 않기에 무엇을 원하는지 알아내는 것은 미로에서 길을 찾는 것 같다.

2016년 9월 고2

★★ **opportunity** ☐ ☐ ☐

기회, 가능성

Think of this as an <u>opportunity</u> for promotion and put in the best effort.

이 기회가 승진의 기회라고 생각하고 최대치의 노력을 해라.

2017년 6월 고1

★ **perfection** ☐ ☐ ☐

완벽, 완성, 마무리, 완전

HaeNa is chasing after something that can never achieve <u>perfection</u>.

해나는 완벽함을 이루기 불가능한 것을 쫓고 있다.

2019년 6월 고2

★ reputation ☐☐☐

명성, 평판

DaOn messed up her <u>reputation</u> by denying the rights of the employees.

다온이는 직원들의 인권을 무시해서 그녀의 명성을 망쳤다.

2016년 9월 고2

★ stargaze ☐☐☐

별을 쳐다보다, 공상에 잠기다

The perfect spot for <u>stargazing</u> is the top of the mountain or somewhere high up.

별을 쳐다보기 위해서는 산 정상이나 높은 곳 어디든지 좋다.

2019년 6월 고1

★ pronunciation 🐾 ☐☐☐

발음

They do not care about the <u>pronunciation</u>, they only focus on memorization.

그들은 발음에 신경을 쓰지 않고, 기억력에 초점을 둔다.

2017년 9월 고1

★ shake ☐☐☐

흔들다, 털다, 떨치다

<u>Shake</u> all the bad memories off and start with a fresh set of mind.

나쁜 기억들은 다 떨치고 새로운 마음가짐으로 시작해라.

2016년 9월 고1

★ depiction ☐ ☐ ☐

묘사, 서술

<u>Depiction</u> of the lost purse was hard to follow due to the slur speech.

잃어버린 지갑에 대한 묘사는 흐릿한 말투 때문에 이해하기 힘들었다.

2017년 9월 고2

★ empathetic ☐ ☐ ☐

공감하는, 이해심이 있는

SuJeong is good at comforting her friends thanks to her <u>empathetic</u> personality.

수정이는 이해심이 강한 성격 덕분에 친구들을 안정시키는 데 재주가 있다.

2014년 9월 고1

★ difference ☐ ☐ ☐

차이점, 다름, 차이, 불화

<u>Differences</u> in two people does not necessarily mean a bad thing.

두 사람 사이의 차이점이 꼭 나쁜 것만은 아니다.

2019년 6월 고1

★ comfortable ☐ ☐ ☐

편안한, 쾌적한, 편한

The research showed that students study better in a <u>comfortable</u> environment.

조사 결과 학생들은 편안한 환경에서 더 공부를 열심히 한다는 것이 발표되었다.

2016년 9월 고1

★ noticeable □ □ □

뚜렷한, 분명한, 현저한

ChaeHyun's new haircut was very <u>noticeable</u> since she cut almost half of it off.

머리카락을 절반이나 자른 채현이의 새로운 헤어스타일은 눈에 잘 띄었다.

2016년 9월 고1

★ edible □ □ □

식용의, 먹을 수 있는

HaeNa refused to eat the dish thinking that it was not <u>edible</u>.

해나는 접시에 담긴 음식을 먹을 수 없는 것으로 생각해서 먹기를 거부했다.

2018년 6월 고1

★ undermine □ □ □

약화시키다, 위축시키다, 손상을 입히다

His behavior seriously <u>undermined</u> his reputation in his company

그의 행동은 회사 내에서 그의 평판에 심각한 손상을 입혔다.

2016년 9월 고2

★ spatial □ □ □

공간의, 공간적인

In general, men has much better <u>spatial</u> memory than women

일반적으로 남자는 여자보다 훨씬 나은 공간 기억을 가지고 있다.

2017년 9월 고1

★ wound   ☐ ☐ ☐

상처, 부상, 외상

Wash off the <u>wound</u> and put some ointment and a bandage for it to heal.

상처를 나을 수 있게 깨끗이 씻고 약과 밴드를 붙여라.

🐾 2014년 6월 고2

★ matter   ☐ ☐ ☐

문제, 물질, 사물, 일

SeoHee is the only one trying to discuss a <u>matter</u> that is not relevant to this meeting.

오직 서희만이 이 회의와 연관되지 않은 문제에 관해 이야기하려고 하고 있다.

2014년 6월 고2

★ parchment   ☐ ☐ ☐

양피지

Ancient Egyptians used <u>parchment</u> as a mode of writing and recording information.

고대 이집트인들은 양피지를 글을 쓰고 정보들을 기록하는 수단으로 이용했다.

2015년 9월 고2

★ subtract   ☐ ☐ ☐

빼다, 덜다

To get the atomic mass number, SeungHwan needed to add those two numbers not <u>subtract</u> them.

원자질량을 찾기 위해서 승환이는 두 개의 숫자를 빼는 것이 아니라 더해야 한다.

2015년 6월 고2

235

★ meteorite □ □ □

운석, 별똥별

There was a movie about a man who thought piled up garbage from the airplane as an <u>meteorite</u>.

비행기에서 떨어진 쓰레기 뭉치가 운석이라고 잘못 생각한 한 남자에 대한 영화가 있다.

2016년 9월 고2

★ communication □ □ □

의사소통, 연락, 통신

As some expert in psycology claims, <u>communication</u> is the key in any type of relationship.

심리학의 몇몇 전문가들은 의사소통은 어떤 형태의 관계 속에서도 매우 중요하다고 주장한다.

2014년 9월 고2

★ realistic □ □ □

사실적인, 현실적인, 현실성 있는

JiHyung only watches documentaries because he says they are <u>realistic</u>.

지형은 오로지 사실적인 다큐멘터리만 본다.

2017년 9월 고1

★★ capture □ □ □

포획하다, ~의 관심/흥미를 사로잡다

The alarm coming from the open refrigerator <u>captured</u> RaOn's attention.

문이 열린 냉장고에서 나는 경고음이 라온이의 관심을 사로잡았다.

2016년 9월 고1

★ audience   □ □ □

관객, 관중, 청중, 시청자

When a member of the circus blew out fire from his mouth, the <u>audience</u> shouted in excitement.

서커스의 멤버가 입에서 불을 뿜는 것을 본 관객들은 흥분하여 소리를 질렀다.

2014년 9월 고2

★ hardworking   □ □ □

근면한, 부지런히 일하는

What JunHo learned from his <u>hardworking</u> uncle is that complaining do not solve anything.

준호가 그의 근면한 삼촌한테 배운 것은 불평하는 것은 아무것도 해결해 주지 않는다는 것이다.

2015년 6월 고1

Day 24

steady

medal

pleasant

solution

interval

provoking

approve

aspect

tickle

restrain

attentive

reception

halfway

recommend

racket

∙∙∙ 아는 단어가 있나요? 뜻을 적어보세요

eager
_____

merit
_____

account
_____

action
_____

mobile
_____

simultaneously
_____

negotiate
_____

numerous
_____

strength
_____

supervise
_____

blast
_____

variable
_____

integrity
_____

glue
_____

eternal
_____

_____

★ **steady** □ □ □

꾸준한, 변함없는, 고정적인, 한결같은

The <u>steady</u> writing of articles on seals caught the president's attention.

물개에 관한 꾸준한 기사가 대통령의 관심을 사로잡았다.

2018년 9월 고1

★ **medal** □ □ □

훈장, 메달

SuJeong was awarded with a <u>medal</u> from the president for her articles.

수정이는 작성한 기사 덕분에 대통령으로부터 훈장을 수여 받았다.

2018년 6월 고1

★ **pleasant** □ □ □

쾌적한, 즐거운, 상냥한

The weather is nice and <u>pleasant</u> for a day out and maybe for a picnic at a park.

날씨가 좋고 쾌적해서 공원에 나들이 가기에 딱 좋다.

2016년 6월 고1

★★ **solution** □ □ □

해법, 해결책, 용액

When the two substances were mixed, a bright blue <u>solution</u> was formed.

두 개의 물질이 섞이면서 밝은 파란색의 용액이 만들어졌다.

2014년 9월 고2

★ interval ☐ ☐ ☐

간격, 폭, 사이

Switching up the speed while running a treadmill in <u>intervals</u> is harder than it looks.
속도를 구간마다 바꾸면서 러닝머신을 뛰는 것은 보는 것보다 어렵다.

2014년 6월 고2

★ provoking ☐ ☐ ☐

자극하는, 약 오르는, 도발하는

<u>Provoking</u> a tiger, even as a joke, can lead to at least an emergency room and at most death.
호랑이를 약 오르게 하는 것은 아무리 장난이어도 최소한 응급실행 아니면 죽음이다.

2018년 6월 고2

★ approve ☐ ☐ ☐

승인하다, 찬성하다, 인정하다

The airport security will not <u>approve</u> the carrying of scissors in a carry-on bag.
공항의 경비원들은 기내용 수화물 가방에 가위를 휴대하는 것을 승인하지 않는다.

2017년 9월 고2

★★ aspect ☐ ☐ ☐

측면, 양상, 방향, 면

There is more generous and loving <u>aspect</u> of her, so tell ChaeHyun to reconsider about her
그녀에게는 더 자비롭고 좋은 면이 있음으로 채현이에게 다시 생각해 보라고 말해라.

2017년 6월 고1

★ tickle □ □ □

간지럽히다, 간질이다

Stop <u>tickling</u> the driver with a piece of feather while they are on the road.

운전 중에 운전사를 깃털로 간지럽히는 행동을 멈춰라.

2014년 9월 고2

★ restrain □ □ □

제지하다, 저지하다, 억누르다, 억제하다

The children that were running around the cafe were <u>restrained </u>by the manager.

카페에서 뛰어다니던 아이들은 매니저에 의해 제지당했다.

2014년 9월 고2

★ attentive □ □ □

주의를 기울이는, 배려하는, 세심한, 경청하는

HaeNa felt better after talking to her mom who <u>attentively</u> listened.

나는 그녀의 어머니가 주의를 기울여서 이야기를 들어 주는 것을 보고 기분이 나아졌다.

2018년 9월 고1

★ reception □ □ □

수신, 대접, 리셉션

There seems to be no <u>reception</u> here, the call is breaking every minute.

여기에 수신이 없어 보인다, 전화가 매 분마다 계속 끊긴다.

2016년 9월 고1

⭐ halfway ☐ ☐ ☐

가운데쯤, 중간에, 불완전하게, 중도에

Meet DaOn <u>halfway</u>, don't just wait along and complain it takes her too long to arrive.

그녀가 늦게 온다고 불평만 하지 말고, 다온이를 중간지점에서 만나라.

2015년 6월 고2

⭐ recommend ☐ ☐ ☐

추천하다, 권장하다, 권하다

SeoHee loves collecting all of the books listed in 'This year's most <u>recommended</u> books'.

서희는 '이번 연도에 가장 추천받은 책들'의 리스트에 있는 책들을 수집하는 것을 좋아한다.

2015년 6월 고1

⭐ racket ☐ ☐ ☐

(테니스 등의)라켓, 소음, 소동

What was SeungHwan thinking coming to play tennis without a tennis <u>racket</u>.

테니스할 때 라켓을 안 들고 온 승환이는 무슨 생각을 했던 거지?

2019년 6월 고1

⭐⭐ eager ☐ ☐ ☐

열렬한, 간절히 바라는, 열망적인

The doctor accepted JiHyung as an intern because he could see that JiHyung was <u>eager</u> to learn.

의사는 지형이를 인턴으로 뽑았다.

왜냐하면 그는 지형이가 간절히 배우고 싶어 하는 마음을 느꼈기 때문이다.

2017년 6월 고1

★★ merit □ □ □
훌륭함, 가치 있는, 장점, 우수한, 가치

There are other <u>merits</u> besides getting a scholarship such as a chance to pick where to intern.

장학금을 받는 것뿐만이 장점이 아니라 인턴을 어디서 할지 결정할 기회도 주어진다.

2019년 6월 고1

★ account □ □ □
설명, 해석, 계좌

The <u>account</u> of what happened explained by RaOn was different from JunHo's.

이번에 발생한 일에 대한 라온이의 설명은 준호와는 달랐다.

2016년 9월 고1

★ action □ □ □
행동, 조치, 동작, 행동

SuJeong needs to take <u>action</u> now or else she will lose her spot in the choir.

수정이가 지금 행동하지 않으면 합창단에서 그녀는 자리를 뺏길 것이다.

2017년 6월 고1

★ mobile □ □ □
이동하는, 움직임이 자유로운, 기동성 있는

<u>Mobile</u> phones were a worldwide sensation when it first came out.

휴대용 핸드폰들은 처음에 나왔을 때 세계적인 반향을 불러일으켰다.

2017년 6월 고1

★ simultaneously □ □ □

동시에, 동시의, 일제히

At the sound of the door opening, all the dogs <u>simultaneously</u> ran towards it.

문이 열리는 소리에 모든 강아지가 동시에 문 쪽으로 뛰어갔다.

2014년 6월 고2

★ negotiate □ □ □

협상하다, 타결하다, 교섭하다

ChaeHyun learned how to <u>negotiate</u> her way into her want by her parents.

채현이는 부모님과의 대화에서 자신의 필요를 협상하는 방법을 배웠다.

2014년 6월 고2

★★ numerous □ □ □

많은, 수도 없이 많은

How does one expect to find a black pair of jeans in this <u>numerous</u> pile of clothes.

이 수도 없이 많은 옷 사이에서 어떻게 검은색 바지를 찾으라는 거야?

2016년 9월 고1

★ strength □ □ □

힘, 기운, 내구력, 용기, 영향력

Whenever faced with a problem, do not back down but build up the <u>strength</u> to overcome it.

문제를 맞닥뜨리면 포기하지 말고 극복할 힘을 길러라.

2014년 9월 고2

★ supervise □ □ □

감독하다, 지휘하다, 지도하다

HaeNa fell asleep in front of the classroom that she was <u>supervising</u>.

해나는 그녀가 감독하고 있던 학생들 앞에서 잠이 들었다.

2014년 9월 고1

★ blast □ □ □

폭발, 즐거운 시간

Just by the sound of the group coming, DaOn could tell that they had a <u>blast</u> at the pool.

무리가 들어오는 소리만으로
다온이는 그들이 수영장에서 즐거운 시간을 보냈다는 것을 알 수 있었다.

2014년 9월 고2

★ variable □ □ □

변동이 심한, 가변적인, 변수

Florida weather is extremely <u>variable</u> during the spring so carry an umbrella at all times.

플로리다의 봄 날씨는 변동이 심해서 항상 우산을 가지고 다녀야 한다.

2017년 9월 고1

★ integrity □ □ □

진실성, 온전함, 성실

The best SeoHee could do was to keep her <u>integrity</u> not lose it.

서희가 할 수 있었던 최선은 그녀의 진실을 잃지 않고 지키는 것이었다.

2015년 9월 고2

★ **glue** ☐ ☐ ☐

붙이다, 풀

SeungHwan <u>glued</u> the paper into his jacket, so it would not fall of despite the wind.

바람에 날아가지 않게 하기 위해 승환이는 종이를 그의 재킷에 풀로 붙였다.

2015년 6월 고1

★ **eternal** 🐾 ☐ ☐ ☐

영원한, 끊임없는, 영구히

JiHyung went on an adventure with a purpose of finding the plant that will make him live <u>eternally</u>.

승환이는 먹으면 영원히 살 수 있는 풀을 찾기 위한 목적으로 탐험을 떠났다.

2014년 9월 고2

Day 25

physical

toward

constitute

express

ashamed

embrace

automobile

permeate

attach

apologize

publication

acquisition

expression

combo

waste

아는 단어가 있나요? 뜻을 적어보세요

respective

affect

primitive

ability

need

automatic

underneath

grow

deficient

adequate

drop-out

labor

extremely

found

identify

Day 25

★ **physical** ☐ ☐ ☐

육체의, 물질의, 물질적인, 물리적인

Somehow, RaOn prefers <u>physical</u> labor at a construction sites.

왜인지는 모르겠지만 라온이는 건설 현장의 육체적인 노동을 선호한다.

2018년 6월 고1

★★ **toward** ☐ ☐ ☐

~를 향하여, ~쪽으로

JunHo caught the baseball with his bare hands that was flying <u>towards</u> his face.

준호는 자신의 얼굴 쪽으로 오고 있던 야구공을 맨손으로 잡았다.

2017년 6월 고1

★ **constitute** ☐ ☐ ☐

~이 되는 것으로 여겨지다, 설립하다, 구성하다

The stone <u>constitutes</u> as a symbol of peace between the two countries.

그 돌은 두 나라 사이의 평화를 상징하는 것으로 여겨진다.

2015년 6월 고2

★★ **express** ☐ ☐ ☐

나타내다, 표현하다, 급행의, 신속한

Do not keep stressing but <u>express</u> it in a way that is healthy and productive.

계속 스트레스 받지 말고 건강하고 생산성 있는 방식으로 표현을 해라.

2015년 6월 고1

★ ashamed ☐ ☐ ☐
부끄러운, 수치스러운, 창피한

When SuJeong was caught littering the streets on camera, she felt <u>ashamed</u>.

수정이가 거리에 쓰레기 버리는 것이 카메라에 잡혔을 때, 그녀는 부끄러웠다.

2014년 9월 고2

★ embrace ☐ ☐ ☐
안다, 포옹하다, 받아들이다, 수용하다

Because of a decade of not seeing ChaeHyun in person, her mom gave her a warm <u>embrace</u> when seeing her.

채현이를 십 년 동안 만나지 못했기 때문에 그녀를 본 순간 그녀의 어머니는 따뜻한 포옹을 해 줬다.

2018년 6월 고2

★ automobile ☐ ☐ ☐
자동차

What seemed as an <u>automobile</u> was seen flying across the moon by some pedestrians.

길거리를 걷는 사람들에게 자동차로 보이는 물체가 달을 가로질러 가는 것이 보였다.

2018년 6월 고1

★ permeate ☐ ☐ ☐
스며(배어)들다, 침투하다, 퍼지다

Watch the solution <u>permeate</u> through the copper weights.

용액이 구리로 된 추 사이로 침투하는 것을 보아라.

2018년 9월 고2

251

★ attach □ □ □

붙이다, 첨부하다, 연관되다, 연관 짓다

The files asked are <u>attached</u> to the letter so download them and print them out.

물어본 파일은 편지에 첨부되어 있음으로 다운로드 받아서 프린트해라.

🐾 2016년 6월 고1

★ apologize □ □ □

사과하다

HaeNa needs to <u>apologize</u> for causing a scene at the library where everyone was studying.

해나는 다른 사람들이 공부하고 있던 도서관에서 방해를 했으므로 사과를 해야 한다.

2014년 6월 고2

★ publication □ □ □

출판, 발행, 발표, 출판물

For the <u>publication</u> of the magazine, the company planned a huge party to celebrate.

그 잡지의 발행을 위해, 회사에서는 큰 축하 파티를 계획했다.

2014년 6월 고1

★ acquisition □ □ □

습득, 획득

DaOn's fast <u>acquisition</u> of new information given is something worth to be praised.

새로운 정보에 대한 다온이의 빠른 습득은 칭찬 받을 만한 가치가 있는 것이다.

2018년 6월 고1

★ expression ☐ ☐ ☐

표현, 표출, 표정

SeoHee's <u>expression</u> says everything one needs to know about her thoughts on the movie.

서희의 표정은 그녀가 영화에 대해 어떠한 생각을 했는지 모든 사람이 읽을 수 있었다.

2016년 6월 고1

★ combo ☐ ☐ ☐

결사, 단체

SeungHwan started a <u>combo</u> that supports the cleanliness of the streets.

승환이는 거리를 깨끗하게 만드는 단체를 시작했다.

2016년 9월 고2

★ waste ☐ ☐ ☐

낭비하다, 폐기물

Due to the <u>waste</u> thrown in the ocean by the factories, the pollution worsened.

공장에서 바다로 버리는 폐기물들 때문에 오염은 더 심해졌다.

2018년 9월 고2

★★ respective ☐ ☐ ☐

각자, 각각, 제각기

People are entitled to their <u>respective</u> opinions but demeaning of someone else is not tolerated.

사람들은 각각의 의견을 말할 권리가 있지만, 다른 사람을 무시하는 것은 용인되지 않는다.

2014년 6월 고2

★★★ affect □ □ □
영향을 미치다, 발생하다

The sand storm <u>affected</u> the children in the near by town by damaging their respiratory system.

모래바람은 근처 마을 아이들의 호흡 기관지에 안 좋은 영향을 끼쳤다.

2016년 6월 고1

★ primitive □ □ □
원시적인, 초기의, 원시적인 단계의

At the museum, a <u>primitive</u> way of living is portrayed for the children to see and learn.

박물관에서 아이들은 원시적인 생활이 어땠는지 보고 배웠다.

2016년 9월 고2

★★ ability □ □ □
능력, 재능, 기량

Why did JiHyung pass up an opportunity when he has the full <u>ability</u> to take it?

왜 지형이는 그의 능력으로 충분히 할 수 있는 기회를 버렸는가?

2016년 9월 고1

★ need □ □ □
필요로 하다, ~할 필요가 있다

What this classroom <u>needs</u> is a strict teacher that can discipline the students.

이 교실에서 필요로 하는 것은 학생들을 교육할 수 있는 엄격한 선생님이다.

2018년 9월 고1

★ automatic □ □ □

자동의, 반사적인, 자동적인

The glass doors opened <u>automatically</u> when the sensor senses presence.

유리 문의 센서가 무언가의 존재를 느끼면 자동으로 문을 연다.

2018년 6월 고1

★ underneath □ □ □

속으로, ~의 밑에, 밑면

<u>Underneath</u> the blanket, the newborn puppies are sleeping soundly.

담요 밑에는 갓 태어난 강아지들이 곤히 잠이 들어 있었다.

2014년 6월 고1

★ grow □ □ □

자라다, 커지다

The plants placed right under the sun <u>grew</u> well while the others that were placed under the shade didn't.

햇볕 밑에 놓인 식물들은 잘 자라는 방면 그림자 밑에 놓인 식물들은 잘 안 자랐다.

2019년 6월 고1

★ deficient □ □ □

부족한, 결핍된, 모자라는

Whenever seeing pictures of children that are nutrient <u>deficient</u>, it cause RaOn to tear up.

라온이는 영양이 결핍된 아이들의 사진들을 볼 때면 눈물을 흘린다.

2016년 9월 고2

★★ adequate □ □ □

적합한, 적절한, 충분한

JunHo could not go hiking because he was not dressed <u>adequately</u>.

준호는 등산 가기 적절한 옷을 입고 있지 않았기 때문에 등산을 가지 못했다.

2018년 6월 고1

★ drop-out □ □ □

탈퇴하다, 중퇴하다. 그만두다.

SuJeong <u>dropped out</u> of the soccer team because she wanted to focus on her academics.

수정이는 학업에 충실하기 위해 축구 팀에서 탈퇴했다.

2015년 6월 고1

★ labor □ □ □

노동, 근로

As <u>labor</u> cost is increasing, the employment rate will decline.

인건비가 오르면서, 고용률이 낮아질 것입니다.

2017년 9월 고1

★ extremely □ □ □

극도로, 극히, 매우

Su Jeong is <u>extremely</u> excited about the upcoming jazz concert.

수정이는 다가오는 재즈 콘서트에 매우 들떠 있다.

2017년 6월 고2

★ found   □ □ □

설립하다

The electricity company was <u>founded</u> in 2007.

전기 회사는 2007년도에 설립되었다.

2015년 6월 고1

★★ identify   □ □ □

확인하다

All the students must wear ID card in order to <u>identify</u> each other.

모든 학생은 서로를 확인하기 위해 ID 카드를 착용해야 한다.

2016년 9월 고1

Day 26

accelerate

unable

wrestle

investigation

fair

academically

outrage

predictability

lower

straw

scale

lonely

smiley

development

interpersonal

martial

blaze

demand

distinctive

attendee

junk

scatter

independently

dispenser

anxiety

graduate

overview

passively

academic

impassable

Day 26

★ accelerate ▢ ▢ ▢

가속화하다

<u>Accelerating</u> at steep roads is dangerous.

가파른 도로에서 가속하는 것은 위험하다.

2015년 6월 고1

★ unable ▢ ▢ ▢

~할 수 없는

Chae Hyun was <u>unable</u> to sleep due to the noise outside.

채현은 바깥의 소음 때문에 잠을 이룰 수가 없었다.

2016년 6월 고1

★ wrestle ▢ ▢ ▢

맞붙어 싸우다

Boxer started to <u>wrestle</u> with the opponent.

권투 선수는 상대 선수와 맞붙어 싸우기 시작했다.

2016년 9월 고2

★ investigation ▢ ▢ ▢

수사, 조사, 연구

People need to state the truth about the <u>investigation</u>.

사람들은 조사에 대해 진실을 진술할 필요가 있다.

2016년 9월 고1

★ fair □ □ □

타당한, 온당한, 공정한

During the discussion, Hae Na suggested a much <u>fairer</u> way.

토론 중에, 해나는 훨씬 더 타당한 방법을 제안했다.

2015년 9월 고2

★ academically □ □ □

학술적으로

Teacher insisted his opinion <u>academically</u>.

선생님은 학술적으로 본인의 의견을 주장했다.

2017년 9월 고2

★ outrage □ □ □

격분, 격노

Seung Hwan felt <u>outraged</u> about his overall grade.

승환이는 본인의 성적에 대해 격분했다.

2015년 9월 고2

★ predictability □ □ □

예언할 수 있음, 예측 가능성

Your previous research will maximize the <u>predictability</u>.

너의 사전 조사가 예측 정확도를 높일 것이다.

2018년 6월 고2

★ lower ☐ ☐ ☐

더 낮은 아래쪽의, ~을 내리다

We will have to <u>lower</u> the frame a little bit.

액자를 조금 더 내려야 할 것 같다.

2017년 9월 고2

★ straw ☐ ☐ ☐

지푸라기, 짚

The hat Ji Hyung is wearing is made of <u>straw</u>.

지형이가 쓰고 있는 모자는 짚으로 만들어졌다.

2016년 9월 고2

★ scale ☐ ☐ ☐

규모, 등급

The <u>scale</u> of the musical is unimaginable.

뮤지컬의 규모는 상상 불가능이다.

2019년 6월 고2

★ lonely ☐ ☐ ☐

외로운, 고독한

Da On feels <u>lonely</u> out of the hometown.

다온은 고향을 떠나 외로움을 느끼고 있다.

2014년 9월 고2

★ smiley □ □ □

웃는 얼굴, 웃는 상

Seo Hee's <u>smiley</u> face makes people happy.

🐾 서희의 웃는 얼굴은 사람들을 행복하게 한다.

2018년 9월 고1

★★ development □ □ □

개발, 발달, 성장

Engineers are working on a better <u>development</u> system.

기술자들이 더 좋은 개발 시스템을 위해 힘쓰고 있다.

2018년 9월 고2

★ interpersonal □ □ □

대인관계에 관련된, 사람 간의, 대인 간의

In order to work as a team, <u>interpersonal</u> skills are essential.

팀으로 일하기 위해서는 대인관계 기술이 필수적이다.

2018년 6월 고1

★ martial □ □ □

싸움의, 무예의

The country declared the <u>martial</u> law.

그 나라가 계엄령을 선포했다.

2015년 6월 고1

★ blaze ✸

활활 타다, 빛나다

The fire on that mountain is in a <u>blaze</u>.

저 산의 불은 활활 타오르고 있다.

2016년 9월 고2

★★ demand

수요

There is a high <u>demand</u> for new limited shoes.

새로운 한정 신발에 대한 수요가 높다.

2015년 6월 고1

★ distinctive

독특한

The design of the newly built building is <u>distinctive</u>.

새롭게 지어진 건물의 디자인은 독특하다.

2017년 9월 고1

★ attendee

참석자

<u>Attendees</u> are required to conduct a survey after the event.

참석자들은 행사 이후에 설문조사를 실시해야 한다.

2015년 6월 고2

★ junk ☐ ☐ ☐

쓸모없는 물건, 쓰레기, 영양가가 없는

We should avoid <u>junk</u> food, such as pizza, hamburger, for our health.

우리는 건강을 위해 피자, 햄버거와 같은 영양가가 없는 음식을 피해야 한다.

2017년 9월 고1

★ scatter ☐ ☐ ☐

뿌리다, 흩어지게 만들다

Pins are <u>scattered</u> all over the floor.

압정이 바닥 전체에 흩어져 있다.

2017년 6월 고2

★ independently ☐ ☐ ☐

독립하여, 개별적으로

After graduating high school, Seung Hwan plans to live <u>independently</u> from his parents.

고등학교를 졸업한 후, 승환이는 부모님에게서 독립하여 살 계획이다.

2015년 6월 고1

★ dispenser ☐ ☐ ☐

기계 (용기), 통, 분리함

We need to buy <u>dispensers</u> for a toothpaste and a soap.

치약과 비누를 위한 통을 사야 한다.

2018년 9월 고2

⭐ anxiety ☐ ☐ ☐

근심, 불안

Ji Hyung's face is full of <u>anxiety</u>.

지형이의 얼굴에는 근심이 가득하다.

2016년 9월 고1

⭐ graduate ☐ ☐ ☐

졸업하다

Ra On <u>graduate</u>d Harvard University last month.

라온이는 지난달에 하버드 대학교를 졸업했다.

2014년 9월 고1

⭐ overview ☐ ☐ ☐

개요, 개관

Every book contains an <u>overview</u> page.

모든 책에는 개요가 포함되어 있다.

2014년 6월 고2

⭐ passively ☐ ☐ ☐

수동적으로, 소극적으로

Some of the students participated <u>passively</u> throughout the discussion.

몇몇 학생들은 소극적으로 토론에 참여했다.

2018년 9월 고2

★ academic ☐ ☐ ☐

학문적, 학업의

Jun Ho's <u>academic</u> achievements are outstanding.

준호의 학문적 업적은 뛰어나다.

2015년 6월 고2

★ impassable ☐ ☐ ☐

폐쇄된, 통행할 수 없는

Those roads are <u>impassable</u> due to the construction.

그 도로들은 공사로 인해 통행할 수 없다.

2017년 9월 고1

Day 27

individual

devote

violate

accuse

disastrous

wonder

approach

return

exhaust

quality

conceive

preserve

Attitude

pleasure

premature

•:• 아는 단어가 있나요? 뜻을 적어보세요

tragedy

suspense

exceptionally

amaze

adaptive

franchise

furiously

earning

serious

steal

election

undersea

able

combine

enthusiastic

269

Day 27

★ individual ▢ ▢ ▢

개인의

People should respect their <u>individual</u> style.

사람들은 개인의 스타일을 존중해 줘야 한다.

2014년 9월 고1

★★ devote ▢ ▢ ▢

~에 헌신하다

Many students <u>devoted</u> their college life for good jobs.

많은 학생이 좋은 직장을 갖기 위해 대학 생활을 헌신했다.

2015년 6월 고1

★ violate ▢ ▢ ▢

위반하다, 침해하다. 어기다.

Smoking inside the building is <u>violating</u> the law.

건물 내에서의 흡연은 법을 어기는 것이다.

2018년 6월 고1

★ accuse ▢ ▢ ▢

고발하다, 기소하다, 변명을 하다

Su Jeong didn't <u>accuse</u> them since they sincerely apologized to her.

그들은 진심으로 사과했기 때문에 수정이는 그들을 고소하지 않았다.

2017년 9월 고2

★ disastrous ☐ ☐ ☐

형편없는, 처참한

Chae Hyun's life turned <u>disastrous</u> because all of her friends left her.

채현이의 모든 친구들이 그녀를 떠났기 때문에 그녀의 삶은 처참해졌다.

2015년 9월 고1

★ wonder ☐ ☐ ☐

궁금해하다, 놀라운

Hae Na <u>wonders</u> how long that battery will last.

해나는 그 배터리가 얼마나 오래 갈지 궁금해한다.

2016년 9월 고1

★ approach ☐ ☐ ☐

다가가다, 접촉하다

We <u>approached</u> slowly to get to know each other.

서로 친해지기 위해 천천히 다가갔다.

2017년 6월 고1

★ return ☐ ☐ ☐

~돌아오다

Da On promised to <u>return</u> next month.

다온은 다음 달에 돌아오기로 약속했다.

2016년 6월 고1

271

★ exhaust

기진맥진하게 만들다

Seo Hee felt <u>exhausted</u> after going in the ghost's house.

서희는 귀신의 집에 갔다가 기진맥진해져서 돌아왔다.

2014년 9월 고2

★★ quality

질

The <u>quality</u> of the new computer is much better than the old one.

새로운 컴퓨터의 질은 예전 거보다 훨씬 좋다.

2017년 6월 고1

★ conceive

상상하다, 생각하다

I can't <u>conceive</u> how much you've done wrong.

나는 네가 얼마나 큰 잘못을 했는지 생각할 수 없다.

2016년 9월 고2

★★ preserve

지키다, 보호하다

To <u>prevent</u> global warming, we must preserve the environment.

지구온난화를 막기 위해서 우리는 환경을 보호해야 한다.

2018년 6월 고1

★★ Attitude ☐ ☐ ☐

태도

In front of teachers, we need to be careful in our <u>attitudes</u>.

선생님들 앞에서는 우리의 태도에 신중해야 한다.

2015년 6월 고1

★★★ pleasure ☐ ☐ ☐

기쁨

After getting an award, Seung Hwan was full of <u>pleasure</u>.

상을 받은 후, 승환이는 기쁨으로 가득 찼다.

2016년 6월 고1

★★ premature ☐ ☐ ☐

정상보다 이른, 조산의

My sister had a <u>premature</u> baby.

우리 언니는 조산아를 낳았다.

2014년 6월 고2

★ tragedy ☐ ☐ ☐

비극

The author wrote a drama about her <u>tragedy</u> life.

작가는 본인의 비극적인 삶에 대해 드라마를 썼다.

2016년 6월 고1

★ suspense □ □ □

긴장감

The story of the movie was full of <u>suspense</u>.

영화 내용은 긴장감으로 가득 찼다.

2014년 6월 고2

★ exceptionally □ □ □

유난히, 특별히

Last summer was <u>exceptionally</u> hot.

작년 여름은 유난히 더웠다.

2018년 9월 고1

★ amaze □ □ □

놀라게 하다

Ji Hyung looked <u>amazed</u> when he saw his Halloween costume.

지형은 본인의 핼러윈 의상을 보고 많이 놀라 보였다.

2018년 9월 고1

★ adaptive □ □ □

적응할 수 있는, 조정의

The customer service team is very <u>adaptive</u> to the changes.

고객 서비스 팀은 변화에 매우 적응을 잘 한다.

2015년 9월 고2

★ franchise ☐ ☐ ☐

가맹점 영업권, 프랜차이즈

My mother opened up the <u>franchise</u> store.

어머니께서 프랜차이즈 가게를 개업하셨다.

2015년 6월 고2

★ furiously ☐ ☐ ☐

맹렬히, 광란하여, 극단적으로

RaOn is <u>furiously</u> talking about his first day of school.

라온은 맹렬하게 학교 첫날에 대해서 말하고 있다.

2017년 6월 고2

★ earning ☐ ☐ ☐

수익, 수입

With an attractive advertisement, the <u>earnings</u> significantly increased.

매력적인 광고로 수익이 크게 올랐다.

2018년 6월 고2

★ serious ☐ ☐ ☐

심각한, 진지한

Manager faced a <u>serious</u> problem during the training session.

매니저가 훈련 기간 동안 심각한 문제에 부딪혔다.

2019년 6월 고1

★ **steal** ☐ ☐ ☐

훔치다, 도둑질하다

A theft was caught <u>stealing</u> a ring.

도둑이 반지를 훔치다가 걸렸다.

2014년 9월 고2

★ **election** ☐ ☐ ☐

선거

Citizens have the right to vote in the <u>election</u>.

시민들은 선거에서 투표할 권리가 있다.

2019년 6월 고2

★ **undersea** ☐ ☐ ☐

바닷속의, 해저의

You are able to see many creatures <u>undersea</u>.

당신은 바닷속의 많은 생물을 볼 수 있다.

2016년 6월 고1

★ **able** ☐ ☐ ☐

~할 수 있는, ~가능한, 능력 있는

I am <u>able</u> to change the flight schedule at any time. 🐾

나는 언제든지 비행 스케줄을 변경할 수 있다.

2019년 6월 고1

★★ combine   ☐ ☐ ☐

결합하다, 합치다

<u>Combining</u> banana and strawberry is the best combination for making juicy.

주스를 만들기 위해 바나나와 딸기를 섞는 것은 최고의 조합이다.

2014년 9월 고1

★★ enthusiastic   ☐ ☐ ☐

열광적인, 열정적인

Ra On was very <u>enthusiastic</u> about his favorite musician's concert.

라온은 가장 좋아하는 뮤지션의 콘서트에 매우 열광했다.

2014년 9월 고2

Day 28

unexpected

installment

scar

significantly

credit

referee

plenty

native

hypothesize

unfamiliar

illiteracy

diary

fear

virtual

correspond

🐾 아는 단어가 있나요? 뜻을 적어보세요

moderate

storage

democratic

equally

feature

flavor

fate

resemble

charge

entrance

dock

parenting

internalize

frantic

stalk

★ **unexpected** ☐ ☐ ☐

예기치 않은, 예상치 않은

During the conference, an <u>unexpected</u> situation happened.

컨퍼런스 진행 중, 예기치 못한 상황이 벌어졌다.

2016년 9월 고1

★ **installment** ☐ ☐ ☐

분할, 할부금

Jun Ho bought a new cell phone on a 12 month <u>installment</u> plan.

준호는 새로운 핸드폰을 12개월 할부로 구매했다.

2018년 9월 고1

★ **scar** ☐ ☐ ☐

흉터, 상처, 흠

I found a <u>scar</u> on my face while washing my face.

세수하다가 얼굴에 흉터를 찾았다.

2017년 9월 고1

★★ **significantly** ☐ ☐ ☐

상당히, 꽤, 아주, 굉장히

Popularity of the new theme park is <u>significantly</u> high.

새로 오픈한 테마파크의 인기는 상당히 높다.

2015년 6월 고1

★ credit ☐ ☐ ☐

신용 거래, 신용도, 칭찬, 인정

Teenagers barely use <u>credit</u> cards.

10대들은 신용 카드를 거의 사용하지 않는다.

2015년 9월 고1

★ referee ☐ ☐ ☐

심판, 판정단

<u>Referees</u> must be fair about the game.

심판들은 게임에 대해서 공정해야 한다.

2018년 9월 고1

★ plenty ☐ ☐ ☐

풍부한 양, 충분한

There is <u>plenty</u> of time so take it easy.

시간은 충분하니깐 천천히 해.

2016년 9월 고1

★ native ☐ ☐ ☐

태어난 곳의, 원래의

It is hard to speak English like <u>native</u> speakers.

원어민처럼 영어로 말하는 것은 어렵다.

2014년 9월 고2

★ hypothesize

가설을 세우다

I <u>hypothesized</u> about what was going to happen next.

다음에 무슨 일이 일어날지에 대해 가설을 세웠다.

2019년 6월 고2

★ unfamiliar

익숙지 않은, 이질적인, 친숙하지 않은

My grandmother is <u>unfamiliar</u> with new computer technology.

할머니는 새로운 컴퓨터 기술과 익숙지 않다.

2018년 9월 고1

★ illiteracy

문맹, 무식

The <u>illiteracy</u> rate used to be high before.

예전에는 문맹률이 높았었다.

2014년 6월 고1

★ diary

일기, 수첩

Su Jeong always writes her <u>diary</u> before going to bed.

수정은 항상 자기 전에 일기를 쓴다.

2017년 6월 고1

★ fear ☐ ☐ ☐

공포, 두려움

There are just too much <u>fear</u> to watch a scary movie.

무서운 영화를 보기에는 두려움이 너무 많다.

2016년 6월 고1

★ virtual ☐ ☐ ☐

사실상의, 거의 ~와 다름없는, 가상의

The game company launched a new <u>virtual</u> game.

게임 회사는 새로운 가상의 게임을 출시했다.

2017년 9월 고1

★ correspond ☐ ☐ ☐

일치하다

What you do does not <u>correspond</u> to what you say.

너의 행동은 네가 한 말과 일치하지 않는다.

2014년 9월 고1

★ moderate ☐ ☐ ☐

보통의, 중간의

<u>Moderate</u> exercise is essential to live longer.

더 오래 살기 위해서는 적당한 운동이 필수적이다.

2018년 9월 고1

★ storage ☐ ☐ ☐

저장, 보관

<u>Storage</u> space is full so you need to delete unnecessary applications.

저장 공간이 다 찼으니깐, 불필요한 애플리케이션을 삭제하자.

2018년 6월 고1

★ democratic ☐ ☐ ☐

민주주의의

We live in a <u>democratic</u> country.

우리는 민주주의 국가에 살고 있다.

2017년 6월 고2

★ equally ☐ ☐ ☐

동등하게, 같은, 동일한

Let's share the candies <u>equally</u>.

사탕을 동등하게 나눠 먹자.

2017년 9월 고2

★★ feature ☐ ☐ ☐

🐾 특징, 모습, 생김새

A brand new laptop has <u>features</u> that you can't even think of.

새 노트북은 네가 생각 못하는 특징을 가지고 있다.

2015년 6월 고1

★ **flavor** ☐ ☐ ☐

풍미, 맛

The <u>flavor</u> of pasta was amazing.

파스타의 풍미는 놀라웠다.

2017년 6월 고1

★ **fate** ☐ ☐ ☐

운명

Do you believe in <u>fate</u>?

운명을 믿나요?

2015년 9월 고1

★ **resemble** ☐ ☐ ☐

닮다, ~와 닮은

Two sisters completely <u>resemble</u> their parents' appearance.

외모상으로 두 자매는 부모님을 완전히 닮았다.

2016년 9월 고2

★ **charge** ☐ ☐ ☐

책임, 담당, 요금, (요금을) 청구하다

I am in <u>charge</u> of making the list of students' email address.

학생들의 이메일 주소 목록을 만드는 일을 담당하고 있다.

2018년 9월 고1

★ entrance   □ □ □

입구, 출입구, 현관

The west <u>entrance</u> is closed due to the remodeling.

리모델링으로 인해 서쪽 입구는 폐쇄되었다.

2019년 6월 고2

★ dock   □ □ □

부두, 항만

The ships are returning back to a <u>dock</u>.

배들이 부두로 돌아오고 있다.

2014년 6월 고2

★ parenting   □ □ □

육아, 양육하는, 돌보는

<u>Parenting</u> makes us respect our parents.

육아는 우리의 부모님을 존경하게 만든다.

2018년 6월 고2

★ internalize   □ □ □

내면화하다

Before the interview starts, <u>internalize</u> yourself.

인터뷰 시작하기 전에 너 자신을 내면화시켜라.

2019년 6월 고2

★ frantic

정신없이 서두는, 제정신이 아닌

The employee was <u>frantic</u> because he missed the deadline to submit his work.

직원은 제출 마감일을 놓쳐서 제정신이 아니었다.

2015년 6월 고2

★ stalk

줄기, 몰래 접근하다

A stranger is <u>stalking</u> me.

이상한 사람이 나에게 몰래 접근하고 있다.

2015년 9월 고2

Day 29

revolutionary

load

consider

particle

disapproval

driven

ritualize

static

consumption

satisfaction

corporation

measurement

flawless

inconsistency

given

❖ 아는 단어가 있나요? 뜻을 적어보세요

repetitive

code

perceptible

deliver

procedure

unfold

beggar

suspend

confuse

boiler

neediness

nearly

competition

stimulate

pile

Day 29

★ revolutionary ☐ ☐ ☐

혁명의, 혁명적인, 혁신적인

Team managers asked us to come up with a <u>revolutionary</u> idea.

팀장님들께서 우리에게 혁신적인 아이디어를 생각해 내라고 요청하셨다.

2017년 9월 고1

★ load ☐ ☐ ☐

짐, 화물, 채우다

Ship a <u>load</u> of the boxes by air freight.

항공 화물로 짐들을 보내자.

2019년 6월 고1

★★ consider ☐ ☐ ☐

사려, 고려하다, 신중히 생각하다

Please <u>consider</u> the weather before finalizing the date of party.

파티 날짜를 확정 짓기 전에 날씨를 고려해줘.

2016년 9월 고2

★ particle ☐ ☐ ☐

조각, 입자

I found the puzzle's missing <u>particle</u> under the bed.

잃어버린 퍼즐 조각을 침대 밑에서 찾았다.

2018년 6월 고1

★ disapproval ☐ ☐ ☐

반감, 못마땅함, 불승인

The Marketing team's idea was unaccepted because of CEO's <u>disapproval</u>.

사장님의 반대로 마케팅 팀의 아이디어는 받아들여지지 않았다.

2014년 6월 고1

★ driven ☐ ☐ ☐

(사람이) 투지가 넘치는, ~중심의

Our country is based on export-<u>driven</u> economy.

우리나라는 수출 중심 경제에 기초를 두고 있다.

2018년 6월 고1

★ ritualize ☐ ☐ ☐

의례적으로 하다, 의식화하다.

Holding a birthday party is very <u>ritualized</u> for everyone.

생일 파티를 여는 것은 모두에게 매우 의례적이다.

2016년 9월 고2

★ static ☐ ☐ ☐

고정된, 정적인

The price for the product has been <u>static</u> for a long period of time.

오랜 시간 동안 그 상품의 가격은 고정되어 있다.

2017년 9월 고1

★★ consumption ☐ ☐ ☐

소비, 사용

Reducing the <u>consumption</u> of plastic cups is essential to prevent pollution.

오염을 막기 위해서는 플라스틱 컵의 소비를 줄이는 것이 중요하다.

2016년 9월 고1

★ satisfaction ☐ ☐ ☐

🐾 만족

Customer <u>satisfaction</u> started to increase after launching a delivery system.

배달 시스템을 시행한 후 고객 만족도는 오르기 시작했다.

2017년 9월 고1

★ corporation ☐ ☐ ☐

기업, 회사

The <u>corporation</u> moved its headquarter to California.

기업은 본부를 캘리포니아로 이전했다.

2016년 9월 고2

★ measurement ☐ ☐ ☐

측정, 값, 계량

In order for the exact <u>measurement</u>, we need a ruler.

정확한 측정을 위해서는 자가 필요하다.

2019년 6월 고1

★ flawless ☐ ☐ ☐

흠 하나 없는, 나무랄 데 없는

The author won a prize for a <u>flawless</u> script.

작가는 흠 하나 없는 각본으로 상을 탔다.

2018년 9월 고2

★ inconsistency ☐ ☐ ☐

불일치, 모순

The principal's speech about the scholarship was full of <u>inconsistencies</u>.

총장의 장학금 관련 연설에는 모순이 가득했다.

2017년 9월 고2

★ given ☐ ☐ ☐

정해진, 어떤, 특정한, 주어진

Under the <u>given</u> condition, you should do your best.

주어진 환경 하에서 당신은 최선을 다해야 한다.

2019년 6월 고1

★ repetitive ☐ ☐ ☐

반복적인

People are reluctant to do <u>repetitive</u> tasks.

사람들은 반복적인 일을 하는 것을 꺼린다.

2014년 6월 고2

★ code ☐ ☐ ☐

암호, 부호로 처리하다

Employees must memorize the <u>codes</u> for the entrance.

직원들은 출입구의 암호를 외워야 한다.

2017년 6월 고1

★ perceptible ☐ ☐ ☐

감지할 수 있는, 인지할 수 있는

It was a small change that was barely <u>perceptible</u>.

간신히 인지할 수 있을 정도로 작은 변화였다.

2015년 9월 고2

★ deliver ☐ ☐ ☐

배달하다, (연설을)하다

The actor <u>delivered</u> a great speech about the movie production.

배우는 그 영화 제작에 대해 훌륭한 연설을 했다.

2014년 9월 고1

★ procedure ☐ ☐ ☐

절차, 과정

Following the <u>procedure</u> is the safest way to make it.

절차를 따르는 것이 그것을 만들 가장 안전한 방법이다.

2014년 6월 고2

☆ unfold ☐ ☐ ☐

펴다, 펼쳐지다

Please <u>unfold</u> the paper you received.

🐾 받으신 종이를 펼치세요.

2018년 9월 고2

☆ beggar ☐ ☐ ☐

거지, 노숙자

The <u>beggar</u> walked around the park asking for food.

거지는 음식을 구걸하며 공원의 여기저기를 돌아다녔다.

2019년 6월 고1

☆ suspend ☐ ☐ ☐

매달다, 걸다, 유예하다, 정지시키다

A disorderly student got <u>suspended</u> from school.

불량 학생이 학교에서 정학을 당했다.

2018년 9월 고2

☆☆ confuse ☐ ☐ ☐

혼란시키다

I am <u>confused</u> about who to listen.

누구의 말을 들어야 하는지 혼란스럽다.

2018년 6월 고1

★ boiler

☐ ☐ ☐

보일러

People use <u>boilers</u> a lot in winter.

사람들은 겨울에 보일러를 많이 사용한다.

2018년 6월 고1

★ neediness

☐ ☐ ☐

빈곤, 궁핍

The government should come up with an idea about a constant <u>neediness</u>.

정부는 지속적인 빈곤에 대한 해결책을 생각해 내야 한다.

2015년 9월 고2

★ nearly

☐ ☐ ☐

거의(=almost)

I exercise <u>nearly</u> every day.

거의 매일 운동하고 있다.

2014년 9월 고1

★★ competition

☐ ☐ ☐

경쟁, 대회

The world robotics <u>competition</u> held at the convention center.

세계 로보틱스 대회가 컨벤션 센터에서 열렸다.

2017년 6월 고1

☆ **stimulate** ☐ ☐ ☐

자극하다, 활발하게 하다

Seeing friends getting perfect grades <u>stimulates</u> me.

친구들이 만점을 받는 모습을 보는 것은 나를 자극시킨다.

2016년 6월 고1

☆☆ **pile** ☐ ☐ ☐

포개 놓은 것, 더미

Teacher asked me to bring a <u>pile</u> of newspapers.

선생님께서 신문 더미를 가져오라고 하셨다.

2018년 9월 고1

Day 30

enjoy

optimize

pesticide

recipient

flexible

inspire

carpool

misspell

reactivate

complaint

altitude

scratch

discover

studio

similarly

아는 단어가 있나요? 뜻을 적어보세요

luggage

spruce

eject

line

untrustworthy

equilibrium

critical

stammer

trailing

solar

microphone

entail

airport

estimate

encode

Day 30

★ **enjoy** ☐ ☐ ☐

즐기다, 향유하다

Most people <u>enjoy</u> watching movies at the theater.

대부분의 사람은 영화관에서 영화 보는 걸 즐긴다.

2017년 6월 고1

★ **optimize** ☐ ☐ ☐

~을 최대한 정확하게 활용하다

You are in a rush, so <u>optimize</u> the time.

당신은 지금 급하니깐 시간을 최대한 정확하게 활용해야 한다.

2014년 9월 고1

★ **pesticide** ☐ ☐ ☐

살충제, 농약

Let's use <u>pesticide</u> to exterminate all the bugs.

벌레를 다 박멸시키기 위해 살충제를 사용하자.

2014년 6월 고1

★ **recipient** ☐ ☐ ☐

받는 사람, 수령인

You must write down the <u>recipient</u> when sending a parcel.

택배를 보낼 때는 수령인을 반드시 적어야 한다.

2016년 9월 고2

★★ flexible ☐ ☐ ☐

유연한, 신축성 있는, 유동적인

My schedule is <u>flexible</u> so call me at any time.

내 스케줄은 유동적이니 언제든지 전화해.

2018년 6월 고1

★★ inspire ☐ ☐ ☐

영감을 주다

The sad movie <u>inspired</u> me to write emotional lyrics.

슬픈 영화는 나에게 감성적인 가사를 쓸 수 있도록 영감을 줬다.

2015년 6월 고1

★ carpool ☐ ☐ ☐

카풀을 하다

It is good to <u>carpool</u> with others to reduce the traffic jam.

교통 체증을 줄이기 위해 다른 사람들과 카풀을 하는 것이 좋다.

2016년 9월 고2

★ misspell ☐ ☐ ☐

철자를 잘못 쓰다, 글자를 잘못 적다.

My name on the passport was <u>misspelled</u>.

여권의 내 이름은 철자가 잘못 쓰였다.

2019년 6월 고1

★ reactivate □ □ □

재가동하다, 재발하다, 재활성화시키다.

The old machine <u>reactivated</u> after the repair.

오래된 기계가 수리를 통해 재가동되기 시작했다.

2014년 9월 고1

★ complaint □ □ □

불평, 불만

The employee received <u>complaints</u> from the customers.

그 직원은 손님들로부터 불평을 받았다.

2017년 9월 고2

★ altitude □ □ □

고도, 높이

The mountain at the back of my house is not of great <u>altitude</u>.

저의 집 뒤에 있는 산은 고도가 그렇게 높지 않네요.

2016년 9월 고2

★ scratch □ □ □

긁다, 상처, 흉터, 흠

It is hard to <u>scratch</u> your own back.

본인의 등을 긁는 것은 어렵다.

2016년 9월 고1

★★ discover ☐ ☐ ☐

발견하다, 알아내다

Can you <u>discover</u> the reason why she is so mad?

그녀가 화난 이유를 알아낼 수 있나요?

2019년 6월 고2

★ studio 🐾 ☐ ☐ ☐

스튜디오, 작은방

Photographers prefer taking photos at the <u>studio</u> rather than outside.

사진작가들은 야외보다 스튜디오에서 촬영하는 것을 선호한다.

2017년 9월 고1

★ similarly ☐ ☐ ☐

비슷하게, 유사하게

Draw <u>similarly</u> with this work.

이 작품과 비슷하게 그려라.

2015년 6월 고1

★ luggage ☐ ☐ ☐

수화물, 짐, 가방

Don't forget to pick up your <u>luggage</u> at the airport.

공항에서 수화물 챙기는 거 잊지 마.

2017년 6월 고1

★ spruce ☐ ☐ ☐

단장하다, 전나무

The bride <u>spruced</u> up for the wedding.

신부는 결혼식을 위해 단장했다.

2017년 6월 고2

★ eject ☐ ☐ ☐

꺼내다, 쫓아내다

Before shutting down the computer, you should <u>eject</u> the disk.

컴퓨터를 끄기 전에 디스크를 꺼내야 한다.

2016년 9월 고1

★ line ☐ ☐ ☐

선

Chae Hyun is good at parking without crossing the <u>lines</u>.

채현이는 선을 넘지 않고 주차하는 것을 잘한다.

2015년 6월 고2

★ untrustworthy ☐ ☐ ☐

신뢰할 수 없는, 믿을 수 없는

Hae Na always say something that is <u>untrustworthy</u>.

해나는 항상 신뢰할 수 없는 말을 한다.

2015년 9월 고1

★ equilibrium ☐ ☐ ☐

평형 (상태), 평정

Let's try to recover the <u>equilibrium</u>.

마음의 평정심을 되찾으려 노력해 봅시다.

2014년 9월 고2

★★★ critical ☐ ☐ ☐

비판적인, 중요한

Da On often reads about <u>critical</u> news.

다온은 비판적인 뉴스를 자주 읽는다.

2016년 9월 고1

★ stammer ☐ ☐ ☐

말을 더듬다

When Seo Hee first learned English, she <u>stammered</u> a lot.

서희가 처음 영어를 배웠을 때, 말을 많이 더듬었다.

2014년 9월 고2

★ trailing ☐ ☐ ☐

질질 끌리는, 흔적을 남기는

My mother always tells me to wear a <u>trailing</u> skirt. 🐾

어머니는 나에게 항상 질질 끌리는 치마를 입으라고 하신다.

2014년 9월 고1

★ solar □ □ □

태양의

The Sun is the largest among our <u>solar</u> system.

태양계에서 태양이 가장 크다.

2014년 9월 고2

★ microphone □ □ □

🐾 마이크

It is natural for singers to hold a <u>microphone</u>.

가수들이 마이크를 들고 있는 것은 자연스럽다.

2014년 9월 고2

★ entail □ □ □

수반하다, 포함하다, 동반하다

Releasing a new system <u>entails</u> risk.

새로운 시스템을 출시하는 것은 위험을 수반한다.

2016년 9월 고2

★ airport □ □ □

공항

Going to the <u>airport</u> is always exciting.

공항에 가는 일은 항상 즐겁다.

2017년 6월 고1

★ estimate ☐ ☐ ☐

추정하다, 예상하다, 평가하다

How much are you <u>estimating</u> for the salary?

급여는 얼마로 예상하십니까?

2017년 9월 고1

★ encode ☐ ☐ ☐

부호화하다, 암호화시키다

Is there anyone who can <u>encode</u> the text?

문서를 암호로 바꿀 수 있는 사람 있나요?

2014년 9월 고2

Day 31

sparsely

resuscitation

reference

excitement

character

continuously

practice

cement

compensate

accidentally

already

unconscious

ephemerality

crystallization

equipment

🐾 아는 단어가 있나요? 뜻을 적어보세요

appraisal

sore

offence

photon

forefront

calm

institution

enter

arouse

tolerate

general

patch

telltale

unusual

cardiopulmonary

Day 31

★ sparsely ☐ ☐ ☐

드문드문, 인적이 없는

That pattern is <u>sparsely</u> made, not regularly.

저 패턴은 규칙적이지 않고, 드문드문 만들어졌다.

2014년 9월 고1

★ resuscitation ☐ ☐ ☐

소생, 의식의 회복

A doctor suddenly did cardiopulmonary <u>resuscitation</u> on patient.

의사는 갑자기 환자에게 심폐 소생술을 실시했다.

2018년 9월 고1

★ reference ☐ ☐ ☐

~에 대해 언급, 참조

You can find <u>references</u> on the last aisle.

마지막 통로에서 참고서를 찾을 수 있다.

2016년 9월 고2

★ excitement ☐ ☐ ☐

흥분, 신남

I see your <u>excitement</u> about the vacation.

나는 방학에 대한 너의 즐거움을 알 수 있다.

2016년 9월 고1

★ character ☐ ☐ ☐

성격, 특징, 인물

Seung Hwan's role has an unique <u>character</u>.

승환이의 역할은 독특한 특징을 가지고 있다.

2014년 9월 고2

★ continuously ☐ ☐ ☐

연속적으로, 계속해서

The baby cried <u>continuosly</u> for two hours.

아기는 두 시간 동안 계속해서 울었다.

2014년 9월 고2

★ practice ☐ ☐ ☐

실행, 실천, 연습

Athletes must <u>practice</u> every day.

운동선수들은 매일 연습을 해야 한다.

2019년 6월 고1

★ cement ☐ ☐ ☐

시멘트, 접합시키다

That wall was made of <u>cement</u>.

그 벽은 시멘트로 만들어졌다.

2017년 6월 고2

★ compensate ☐ ☐ ☐

보상하다, 보충해 주다.

The company <u>compensated</u> the employees with incentives.

회사는 직원들에게 인센티브로 보상했다.

2015년 6월 고2

★ accidentally ☐ ☐ ☐

우연히, 뜻하지 않게

<u>Accidentally</u>, Ji Hyung met his old friend at the restaurant.

우연히 지형이는 식당에서 옛날 친구를 만났다.

2019년 6월 고2

★ already ☐ ☐ ☐

벌써, 이미

It is <u>already</u> the end of the year.

벌써 연말이다.

2019년 6월 고2

★ unconscious ☐ ☐ ☐

의식을 잃은, 무의식의

After hiking for three hours, Ra On was <u>unconscious</u>.

라온은 세 시간 동안 등산을 한 후 의식을 잃었다.

2015년 6월 고2

⭐ ephemerality ☐ ☐ ☐

덧없음, 단명, 수명이 짧은

The result of year-long project was an <u>ephemerality</u>.

일 년 동안 진행한 프로젝트의 결과는 덧없었다.

2016년 9월 고2

⭐ crystallization ☐ ☐ ☐

구체화, 형태화

This movie is a <u>crystallization</u> of horror genre.

이 영화는 호러 장르가 무엇인지 구체화된 것이다.

2017년 6월 고2

⭐ equipment ☐ ☐ ☐

장비, 용품

All the <u>equipment</u> in the factory had been replaced.

공장에 장비들이 모두 교체되었다.

2015년 6월 고1

⭐ appraisal ☐ ☐ ☐

판단, 평가

The newly released film received an good <u>appraisal</u>.

새로 개봉된 영화는 좋은 평가를 받았다.

2018년 9월 고1

★ sore ☐ ☐ ☐

아픈, 따끔거리는

Jun Ho caught a cold, leaving him with a <u>sore</u> throat.

준호는 목감기에 걸렸고 감기는 그의 목을 아프게 했다.

2018년 9월 고1

★ offence ☐ ☐ ☐

위법 행위, 모욕

The act you just did is a serious <u>offence</u>.

방금 네가 한 행동은 심각한 위법 행위다.

2014년 9월 고2

★ photon ☐ ☐ ☐

(물리) 광자

A <u>photon</u> can be explained as small particle of light.

광자는 빛의 작은 입자라고 설명될 수 있다.

2014년 9월 고2

★ forefront ☐ ☐ ☐

중심, 선두, 맨 앞

My colleague is at the <u>forefront</u> of an academic society.

내 동료는 학술 단체의 선두이다.

2015년 6월 고1

★ calm　□ □ □

침착한, 냉정한, 조용한

Nurse helped me <u>calm</u> down before going in to the operation room.

간호사가 수술실로 들어가기 전에 나를 침착하게 했다.

2017년 9월 고1

★ institution　□ □ □

기관, 단체

That <u>institution</u> is well known for donating every month.

그 기관은 매달 기부하는 것으로 잘 알려져 있다.

2018년 6월 고1

★ enter　□ □ □

들어가다, 입력하다

Please <u>enter</u> your email address and password properly.

이메일 주소와 암호를 올바르게 입력하세요.

2019년 6월 고1

★ arouse　□ □ □

(느낌, 태도를) 불러일으키다

Your attitude <u>aroused</u> my anger.

너의 태도는 나의 분노를 불러일으킨다.

2017년 9월 고1

★ **tolerate** ☐ ☐ ☐

용인하다, 견디다

It is difficult to <u>tolerate</u> people's bad manners.

사람들의 나쁜 행동은 견디기가 어렵다.

2016년 9월 고2

★★ **general** ☐ ☐ ☐

일반적인, 보통의

In <u>general</u>, Korean people eat rice for a meal.

일반적으로, 한국 사람들은 식사로 밥을 먹는다.

2017년 9월 고2

★ **patch** ☐ ☐ ☐

덧대다

Mother <u>patched</u> a hole in my pants.

엄마가 내 바지에 난 구멍을 덧댔다.

2016년 9월 고2

★ **telltale** ☐ ☐ ☐

🐾 숨길 수 없는

You can't hide <u>telltale</u> sign of nervousness.

당신은 초조함을 숨길 수 없다.

2016년 9월 고2

★★ **unusual** ☐ ☐ ☐

특이한, 흔치 않은

It is an <u>unusual</u> opportunity to participate in the event.

그 행사에 참석하는 것은 흔치 않은 기회이다.

2014년 6월 고2

★ **cardiopulmonary** ☐ ☐ ☐

심장과 폐의, 심폐의, 심혈관의

Su Jeong learned <u>cardiopulmonary</u> resuscitation in case of an emergency.

수정이는 응급 상황을 대비하여 심폐 소생술을 배웠다.

2018년 9월 고1

317

Day 32

innovative

wardrobe

earth

kindness

hesitation

overweight

quietness

colony

provision

diabetes

honest

cite

instant

wander

device

아는 단어가 있나요? 뜻을 적어보세요

monotonous

reconceive

deal

quote

elegance

shortage

awareness

optimum

occasion

gut feeling

misunderstood

participant

axe

woodcutter

paper

★ innovative ☐ ☐ ☐

혁신하다, 혁신적인

During the meeting, manager suggested an <u>innovative</u> idea.

회의 도중에, 매니저가 획기적인 아이디어를 제안했다.

2018년 9월 고1

★ wardrobe ☐ ☐ ☐

옷장

Let's clean up some clothes in the <u>wardrobe</u>.

옷장 안에 옷들 좀 정리하자.

2018년 9월 고2

★ earth ☐ ☐ ☐

지구, 땅

My dream is to travel around the whole <u>earth</u>.

나의 꿈은 지구 전체를 여행하는 것이다.

2016년 6월 고1

★ kindness ☐ ☐ ☐

친절, 다정함

Whenever I ask for help, employees always showed me <u>kindness</u>.

내가 도움을 청할 때마다 직원들은 항상 나에게 친절함을 보였다.

2015년 9월 고1

⭐ hesitation ☐ ☐ ☐

주저, 망설임

Chae Hyun accepted the promotion offer without <u>hesitation</u>.

채현은 승진 제안을 망설임 없이 받아들였다.

2016년 9월 고2

⭐ overweight ☐ ☐ ☐

중량 초과의, 수적으로 우세한

I had to take some clothes because my luggage was <u>overweight</u>.

짐이 중량 초과되어 옷을 몇 개 빼야 했다.

2015년 6월 고1

⭐ quietness ☐ ☐ ☐

조용한, 고요함

The characteristic of this town is its <u>quietness</u>.

이 동네의 특징은 고요함이다.

2018년 6월 고1

⭐ colony ☐ ☐ ☐

식민지

That country started as a <u>colony</u>.

그 나라는 식민지로 시작되었다.

2017년 6월 고2

★ provision ☐ ☐ ☐

공급, 제공

The provision of the seats are only for elders.

자리 제공은 오로지 어른들만을 위해서다.

2015년 6월 고2

★ diabetes ☐ ☐ ☐

당뇨병

My grandfather was diagnosed with diabetes.

할아버지는 당뇨병 진단을 받았다.

2018년 6월 고2

★ honest ☐ ☐ ☐

정직한, 솔직한

You have to be honest in front of the judge.

판사 앞에서는 정직해야 한다.

2014년 6월 고2

★★ cite ☐ ☐ ☐

(이유, 예를) 들다, 인용하다

Is there anyone who can cite an example?

예를 들어 볼 사람 있나요?

2019년 6월 고1

★★ instant ☐ ☐ ☐

즉각적인, 즉시

I am in a hurry so give me an answer <u>instantly</u>.

급하니깐 즉각 대답해줘.

2015년 9월 고2

★ wander ☐ ☐ ☐

(이리저리) 돌아다니다, 헤매다

I like to <u>wander</u> around without thinking.

아무 생각 없이 그냥 이리저리 돌아다니는 것을 좋아한다.

2018년 6월 고2

★ device ☐ ☐ ☐

장치, 기구

This <u>device</u> needs to be repaired right away.

이 장치는 당장 수리가 필요하다.

2015년 9월 고1

★ monotonous ☐ ☐ ☐

단조로운, 변함없는

It is boring to do something <u>monotonous</u>.

단조로운 일을 하다 보면 지루하다.

2014년 6월 고2

★ reconceive ☐ ☐ ☐
새로운 방식으로 생각하다

We <u>reconceived</u> the idea of promoting the events.

우리는 행사 홍보하는 방법을 다시 새롭게 생각해 냈다.

2016년 9월 고2

★★ deal ☐ ☐ ☐
거래, 다루다, 협상

Hae Na is good at <u>dealing</u> with young customers.

해나는 어린 손님 다루는 것을 잘한다.

2015년 6월 고1

★ quote ☐ ☐ ☐
인용하다, 전달하다

You have to make a reference if you <u>quote</u> someone's message.

누군가의 연설을 인용하려면 반드시 참조를 언급해야 한다.

2014년 6월 고2

★ elegance ☐ ☐ ☐
우아함, 고귀함

The picture on the wall adds more of <u>elegance</u>.

벽에 걸린 그림은 우아함을 더한다.

2017년 6월 고2

★ shortage ☐ ☐ ☐

부족, 결핍

Children in Africa are suffering from food <u>shortage</u>.

아프리카의 아이들은 식량 부족으로 고생하고 있다.

2017년 6월 고1

★ awareness ☐ ☐ ☐

의식, 관심

An <u>awareness</u> of safety is always important.

안전에 대한 의식은 항상 중요하다.

2016년 9월 고2

★ optimum ☐ ☐ ☐

최고의, 이상적인

The construction company won the award for the <u>optimum</u> blueprints.

건설 회사는 최고의 설계도로 수상을 했다.

2014년 9월 고1

★ occasion ☐ ☐ ☐

때, 행사

You can use these coupons for any <u>occasion</u>.

아무 때나 이 쿠폰을 사용할 수 있어.

2014년 6월 고1

★ gut feeling

□ □ □

직감, 촉

I will just go with my <u>gut feeling</u>.

🐾 나는 그냥 내 직감대로 할게.

★ misunderstood

□ □ □

오해를 받는, 잘못 이해한

Da On had to solve the questions again because she <u>misunderstood</u> the first time.

다온은 처음에 오해해서 다시 문제를 풀어야 했다.

2014년 6월 고2

★★ participant

□ □ □

참가자, 참여자, 관중

All the <u>participants</u> will receive free goodie bags.

모든 참가자는 선물 가방을 받을 것이다.

2017년 9월 고1

★ axe

□ □ □

도끼, 축, 중심점

Farmer uses an <u>axe</u> to chop the woods.

농부는 도끼로 나무를 자른다.

2018년 9월 고2

★ woodcutter ☐ ☐ ☐

나무꾼, 벌목꾼

The <u>woodcutter</u> cut down the tree for the bonfire.

나무꾼은 모닥불을 위해 나무를 잘랐다.

2018년 9월 고2

★ paper ☐ ☐ ☐

종이, 보고서, 리포트

Please make sure to recycle the <u>papers</u>.

종이는 반드시 재활용해 주세요.

2015년 6월 고2

Day 33

anyhow

visible

mechanism

recover

throw

seasonal

bankruptcy

portion

adulthood

medic

crypsis

stroke

technique

train

deficiency

🐾 아는 단어가 있나요? 뜻을 적어보세요

overcome

transaction

expose

imitate

adhere

coastal

blue books

grab

guideline

objective

bore

twice

obtain

bomber

smoothly

Day 33

★ **anyhow** ☐ ☐ ☐

어떻게 해서든지, 되는대로

I must do it <u>anyhow</u>, there is no other way.

어떻게 해서든 내가 끝내야 해, 다른 방법은 없어.

2015년 6월 고1

★ **visible** ☐ ☐ ☐

눈에 보이는, 시각적인

The view of the park is <u>visible</u> from inside the house.

공원의 풍경이 집 안에서도 보인다.

2016년 9월 고1

★★ **mechanism** ☐ ☐ ☐

기계 장치, 원리, 작동 방법

Please read the operating methods before using the <u>mechanism</u>.

기계 장치를 사용하기 전에 작동 방법에 대해 읽으세요.

2016년 9월 고1

★★ **recover** ☐ ☐ ☐

회복되다, 복원하다.

I <u>recovered</u> my health after resting for two weeks in the hospital.

병원에서 2주 쉬니깐 건강이 회복되었다.

2017년 6월 고1

★ throw ☐ ☐ ☐

던지다, 토하다, 폐기하다

Seo Hee accidentally <u>threw</u> a baseball towards the window.

서희는 실수로 유리창에 야구공을 던졌다.

2015년 9월 고1

★ seasonal ☐ ☐ ☐

계절적인, 제철의

Watermelon is a <u>seasonal</u> fruit in the summer.

수박은 여름의 제철 과일이다.

2015년 9월 고2

★ bankruptcy ☐ ☐ ☐

파산, 도산, 부도

The company finally declared <u>bankruptcy</u>.

회사는 결국 파산 신고를 했다.

2018년 6월 고1

★ portion ☐ ☐ ☐

부분, 일부

We left a <u>portion</u> of the meal for people coming late.

늦게 오는 사람들을 위해 밥의 일부를 남겨 뒀다.

2018년 6월 고1

★ adulthood ☐ ☐ ☐

성인, 성년기

I remember the day when I reached <u>adulthood</u>.

성인이 되던 날을 기억한다.

2017년 9월 고1

★ medic ☐ ☐ ☐

의대생, 의사

A <u>medic</u> sitting next to me saved my life.

내 옆에 앉아 있던 의사가 나를 살렸다.

2018년 9월 고2

★ crypsis ☐ ☐ ☐

은폐, 엄폐

I don't even like to hear about a <u>crypsis</u>.

나는 은폐에 대해서 듣는 거조차 싫어한다.

2014년 9월 고2

★★ stroke ☐ ☐ ☐

타격, 치기, 때리기

The baseball player has a good <u>stroke</u>.

야구 선수는 멋진 타격을 가지고 있다.

2014년 6월 고2

★ technique ☐ ☐ ☐

기법, 기술, 요령

Seung Hwan has his own <u>technique</u> for playing drums.

승환이는 드럼을 치는 자기만의 기법이 있다.

2016년 6월 고1

★ train ☐ ☐ ☐

교육시키다, 훈련시키다, 기차

Supervisors are in charge of <u>training</u> the new employees.

지도자들은 신입 사원들의 교육을 맡고 있다.

2018년 9월 고1

★★ deficiency ❖ ☐ ☐ ☐

결함, 부족, 결핍

I worked hard to make up for the <u>deficiency</u>.

부족함을 채워 넣기 위해 열심히 했다.

2017년 9월 고2

★★ overcome ☐ ☐ ☐

극복하다

It is hard to <u>overcome</u> a difficult time by oneself.

혼자서 힘든 시기를 극복하는 것은 어렵다.

2017년 6월 고1

★ transaction

거래, 입출금

Can you tell me about that <u>transaction</u>?

그 거래에 대해서 말해 주실 수 있나요?

2014년 9월 고1

★★ expose

드러내다, 노출시키다

Jun Ho was angry at you so he just <u>exposed</u> your secret.

준호는 너에게 화가 나서 너의 비밀을 폭로했다.

2016년 6월 고1

★ imitate

모방하다, 따라하다.

Just be yourself, do not <u>imitate</u> others.

다른 사람을 모방하지 말고, 그냥 네 자신이 되어라.

2018년 9월 고1

★ adhere

부착되다, 붙이다

Use glue to <u>adhere</u> those parts together.

접착제를 사용해서 그 부품들을 붙이세요.

2014년 9월 고2

★ coastal ☐ ☐ ☐

해안가의, 바닷가의, 해변의

Due to strong winds, it is scary driving along the <u>coastal</u> road.

거센 바람 때문에 해안 도로를 따라 운전하는 것은 무섭다.

2015년 6월 고2

★ blue books ☐ ☐ ☐

시험 답안지

I'll hand out the <u>blue books</u> after finishing the exam.

시험 종료 후 시험 답안지를 나눠 드릴게요.

2014년 6월 고2

★ grab ☐ ☐ ☐

잡다, 움켜잡다

<u>Grab</u> it tightly so you don't lose it.

잃어버리지 않게 꽉 움켜잡아.

2015년 6월 고2

★ guideline ☐ ☐ ☐

지침, 안내서, 가르침

Don't break the <u>guidelines</u>.

지침을 어기지 마세요.

2016년 9월 고1

★★ objective   □ □ □

목표, 목적, 객관적인

The <u>objective</u> of this game is to learn how to cooperate with the team.

이 게임의 목적은 팀워크를 배우는 것입니다.

2016년 6월 고1

★ bore   □ □ □

지루하게 만들다

I felt very <u>bored</u> today.

나는 오늘 매우 지루했다.

2018년 9월 고1

★ twice ❖   □ □ □

두 번

I try to exercise <u>twice</u> a week.

일주일에 두 번은 운동하려고 노력한다.

2014년 9월 고2

★ obtain   □ □ □

얻다, 획득하다

You need to <u>obtain</u> permission to use the laptops in the library.

도서관에 있는 컴퓨터를 사용하기 위해서는 허락을 얻어야 한다.

2017년 9월 고2

★ bomber □ □ □

폭격기

When I served at the military, I saw a <u>bomber</u>.

군대에 있을 때 폭격기를 본 적이 있다.

2018년 6월 고2

★ smoothly □ □ □

부드럽게, 순조롭게

As we expected, the meeting went very <u>smoothly</u>.

우리가 예상했던 것처럼 회의가 매우 순조롭게 진행되었다.

2019년 6월 고2

Day 34

regretful

core

decay

unprecedented

candidate

humanness

mindless

responsive

sleeping bag

decade

impose

vital

rate

previous

fall

🐾 아는 단어가 있나요? 뜻을 적어보세요

institutionally

resume

acoustic

secure

manmade

enormous

sacrifice

dishonest

discord

desperate

imagine

recreate

emperor

explicitly

hippocampus

Day 34

★ **regretful** □ □ □

후회하는, 유감스러워하는

Ji Hyung is <u>regretful</u> that he didn't go to college.

지형이는 대학을 안 간 것에 대해 매우 후회하고 있다.

2019년 6월 고2

★ **core** □ □ □

중심부, 핵심적인

Did you understand the <u>core</u> of the argument?

주장하는 것의 핵심을 이해했나요?

2014년 6월 고2

★ **decay** □ □ □

부패, 부식, 썩게 만들다

The cleaner was shocked at a food <u>decay</u>.

청소부는 부패한 음식물을 보고 놀랐다.

2015년 6월 고2

★ **unprecedented** □ □ □

전례 없는, 유례없는

The rain today is <u>unprecedented</u>.

오늘 전례 없이 많은 비가 쏟아졌다.

2018년 9월 고2

⭐ candidate ☐ ☐ ☐

후보자, 후보

There were too many <u>candidates</u> for the position of a leader of student council.

학생회장 후보자가 너무 많았다.

2015년 6월 고1

⭐ humanness ☐ ☐ ☐

인간성, 사람 됨됨이

RaOn has a great <u>humanness</u>.

라온은 인간성이 좋다.

2018년 9월 고2

⭐ mindless ☐ ☐ ☐

아무 생각이 없는, 무신경의

Teacher did not get enough sleep so he keeps saying <u>mindless</u> things.

선생님은 충분히 잠을 못 자서 계속 생각 없이 이야기를 한다.

2014년 6월 고2

⭐ responsive ☐ ☐ ☐

즉각 반응하는, 응답하는

Customer service team must be <u>responsive</u> to customers' feedbacks.

고객 서비스 팀은 고객의 의견에 즉각 반응해야 한다.

2017년 6월 고2

⭐ sleeping bag ☐ ☐ ☐

침낭

Students have to bring their <u>sleeping bags</u> to the camp.

학생들은 캠프에 침낭을 가져와야 한다.

2017년 6월 고1

⭐⭐ decade ☐ ☐ ☐

10년

Jun Ho's family immigrated to the United States a <u>decade</u> ago.

준호의 가족은 10년 전 미국으로 이민을 갔다.

2016년 9월 고2

⭐ impose ☐ ☐ ☐

강요하다, 시행하다, 부과하다

Don't <u>impose</u> on children to study.

아이들한테 공부하라고 강요하지 마.

2015년 9월 고2

⭐⭐ vital ☐ ☐ ☐

필수적인, 필요한, 중요한

It is <u>vital</u> that we pay attention to what they are saying.

그들이 하는 말에 집중하는 것은 필수적이다.

2018년 6월 고1

★★ rate ☐☐☐

속도, 비율, 평가하다

How did you <u>rate</u> the movie?

영화 어떻게 평가했어?

2016년 9월 고2

★★ previous ☐☐☐

이전의, 과거의

The sales of the products are much higher than the <u>previous</u> month.

상품 판매는 전월보다 훨씬 더 높았다.

2018년 6월 고1

★ fall ☐☐☐

떨어지다, 넘어지다, 쓰러뜨리다

Sales have <u>falled</u> dramatically.

판매율이 극적으로 떨어졌다.

2016년 9월 고2

★ institutionally ☐☐☐

제도적으로, 사회적으로

The courses should be <u>institutionally</u> restructured.

과정들이 제도적으로 재구성되어야 한다.

2019년 6월 고2

343

★ resume □ □ □

재개하다, 이력서

Rain has stopped, we need to <u>resume</u> the game quickly.

비가 그쳤으니, 빠르게 게임을 재개해야 해.

🐾 2018년 9월 고1

★ acoustic □ □ □

청각의

My grandfather got a new <u>acoustic</u> instrument.

우리 할아버지는 새로운 보청기를 선물 받았다.

2018년 6월 고1

★ secure □ □ □

안심하는, 안전한, 확보하다

As soon as the snow melted, I felt <u>secure</u> to drive.

눈이 녹자마자 운전하는데 안심이 되었다.

2015년 6월 고1

★ manmade □ □ □

인공의, 인위적인

That bookshelf is <u>manmade</u>.

저 책장은 사람이 만든 것이다.

2016년 9월 고2

★★ enormous ☐ ☐ ☐

막대한, 거대한, 큰

I've been assigned to an <u>enormous</u> task.

나는 막대한 업무를 맡게 되었다.

2016년 9월 고2

★ sacrifice ☐ ☐ ☐

희생하다

If you want the cheap one, then you need to <u>sacrifice</u> the quality.

저렴한 제품을 원한다면 제품의 질은 희생해야 해.

2016년 9월 고2

★ dishonest ☐ ☐ ☐

정직하지 못한, 부도덕한

Some people were <u>dishonest</u> and littered trash on the ground.

어떤 사람들은 정직하지 않아서 바닥에 쓰레기를 버렸다.

2014년 9월 고1

★ discord ☐ ☐ ☐

불화, 다툼

The family spent time together on weekends to recover the family <u>discord</u>.

가족 간의 불화를 회복하기 위해 주말에 가족끼리 시간을 보낸다.

2014년 6월 고2

345

★ desperate ☐ ☐ ☐

자포자기한, 간절히 필요로 하는

I am so <u>desperate</u> to get a limited edition CD.

한정판 CD를 구매하는 것이 간절하다.

2017년 6월 고1

★★ imagine ☐ ☐ ☐

상상하다, 공상하다

Try to <u>imagine</u> becoming the president.

대통령이 된다는 것을 상상해 봐.

2018년 6월 고1

★ recreate ☐ ☐ ☐

되살리다, 재창조하다

Let's <u>recreate</u> the fallen legos.

무너진 레고를 되살려 보자.

2019년 6월 고2

★ emperor ☐ ☐ ☐

황제

Who was the <u>emperor</u> of this empire?

이 제국의 황제는 누구였나요?

2016년 9월 고2

★ **explicitly** □ □ □

분명하게, 명쾌하게

The supervisor <u>explicitly</u> gave me clear directions.

감독자가 분명하게 지시를 내려 줬다.

2018년 9월 고2

★ **hippocampus** □ □ □

(뇌의)해마

This part of the brain is called <u>hippocampus</u>.

뇌의 이 부분은 해마라고 불린다.

2017년 9월 고2

Day 35

foreign

nation

reduce

procrastination

substantial

explain

outcome

hobby

productivity

traditional

reexamine

brand

notion

center

material

ᐧᐧ 아는 단어가 있나요? 뜻을 적어보세요

remove

belong

explosion

repay

consequence

aloud

protection

anthropologist

modernize

accurate

startle

calculus

nag

outstanding

chant

⭐ foreign

☐ ☐ ☐

외국의, 이질적인

How do you feel living in a <u>foreign</u> country?

외국에 사는 기분이 어때?

2015년 6월 고2

⭐ nation

☐ ☐ ☐

국가, 국민

The <u>nation</u> gathered together to celebrate the Independence Day.

국민들이 독립 기념일을 축하하기 위해 모두 모였다.

2019년 6월 고1

★★★ reduce

☐ ☐ ☐

줄이다, 삭감하다

In order to prevent the pollution, <u>reduce</u> the use of plastic cups.

오염을 막기 위해 플라스틱 컵의 사용량을 줄입시다.

2016년 9월 고1

⭐ procrastination

☐ ☐ ☐

미루는 버릇, 연기

<u>Procrastination</u> during an exam period is terrible.

시험 기간에 미루는 버릇은 끔찍하다.

2016년 9월 고2

★ **substantial** ☐ ☐ ☐

상당한, 꽤 많은

Through the research, I found a <u>substantial</u> amount of information.

조사를 통해 상당한 양의 정보를 찾았다.

2018년 6월 고2

★ **explain** ☐ ☐ ☐

설명하다

Could you please <u>explain</u> about the project?

프로젝트에 관해서 설명해 주실 수 있나요?

2019년 6월 고1

★★★ **outcome** ☐ ☐ ☐

결과

We were satisfied with the <u>outcome</u> of an year-long project.

일 년간 진행한 프로젝트 결과에 만족했다.

2015년 6월 고1

★ **hobby** ☐ ☐ ☐

취미

Su Jeong has an unique <u>hobby</u>.

수정이는 특이한 취미를 가지고 있다.

2017년 9월 고1

351

★ productivity ☐ ☐ ☐

생산성

We need to increase the <u>productivity</u> of the work.

우리는 일의 생산력을 높여야 한다.

2019년 6월 고1

★★ traditional ☐ ☐ ☐

전통적인, 전통의

Many countries have their own <u>traditional</u> cultures.

많은 나라는 그들만의 전통문화를 가지고 있다.

2016년 6월 고1

★ reexamine ☐ ☐ ☐

재시험하다, 재검토하다

Due to malfunctions, the machine should be <u>reexamined</u>.

오작동으로 인해 기계를 재검토해야 한다.

2018년 9월 고2

★ brand ☐ ☐ ☐

상표, 브랜드

Chae Hyun always wears the same <u>brand</u>'s clothes.

채현은 항상 같은 브랜드의 옷만 입는다.

2014년 9월 고2

☆ notion ☐ ☐ ☐

개념, 관념

Hae Na has no <u>notion</u> of money because she doesn't earn it herself.

해나는 직접 돈을 벌지 않아서 돈에 대한 개념이 없다.

2015년 9월 고2

☆ center ☐ ☐ ☐

중심, 핵심

Leaders must stand in the <u>center</u>.

리더들이 반드시 중심에 서야 한다.

2015년 6월 고1

☆ material ☐ ☐ ☐

재료, 직물, 자료

Students brought their own reading <u>materials</u>.

학생들은 그들만의 독서 자료를 가지고 왔다.

2017년 9월 고2

☆ remove ☐ ☐ ☐

치우다, 제거하다

<u>Remove</u> the cloth from the table when everyone arrives.

모든 사람이 도착하면 테이블 천을 치워 주세요.

2014년 6월 고1

★ belong

□ □ □

제자리에 있다, ~에 소속이다

This book belongs to public library.

이 책은 공공 도서관의 것이다.

2014년 6월 고2

★ explosion

□ □ □

폭발, 폭파

Since it is freezing during winter, be careful for boiler explosion.

겨울에는 엄청 춥기 때문에 보일러 폭발에 조심해야 한다.

2018년 9월 고2

★ repay

□ □ □

갚다, 상환하다

I repaid all the money I had borrowed.

빌렸던 돈을 모두 다 갚았다.

2014년 6월 고2

★★ consequence

□ □ □

결과, 결론

The consequence was different from what we expected.

결과는 우리가 예상했던 것과 달랐다.

2016년 9월 고1

⋆ aloud ☐ ☐ ☐

소리 내어, 큰소리로

Read it <u>aloud</u> so everyone can hear it.

모두가 들을 수 있게 소리 내 읽어라.

2015년 9월 고1

⋆ protection ☐ ☐ ☐

보호, 보호막

Young children need <u>protection</u> from an adult.

어린아이들은 어른들의 보호가 필요하다.

2014년 9월 고2

⋆ anthropologist ☐ ☐ ☐

인류학자

An <u>anthropologist</u> studies about humans in the past.

인류학자는 과거의 인간에 관해서 연구한다.

2017년 9월 고1

⋆ modernize ☐ ☐ ☐

현대화하다

If all the equipment is <u>modernized</u>, then old people might have difficulty using it.

모든 설비가 현대화된다면, 노인들이 사용하기에는 어려움이 있을 것이다.

2018년 9월 고1

★ accurate ☐ ☐ ☐

정확한

Please enter an <u>accurate</u> calculation to file.

파일에 정확한 계산을 입력해 주세요.

2016년 6월 고1

★ startle ☐ ☐ ☐

깜짝 놀라게 하다

Did I <u>startle</u> you? Sorry, I didn't intend to.

깜짝 놀랐어요? 미안해요, 의도한 것은 아니에요.

2018년 6월 고2

★ calculus ☐ ☐ ☐

미적분학

I am having a hard time solving these <u>calculus</u> equations.

나는 이 미적분학 방정식을 푸는 데 어려움이 있다.

2019년 6월 고2

★ nag ☐ ☐ ☐

잔소리를 하다

I don't want to hear you <u>nagging</u> at me.

네가 나한테 잔소리하는 거 듣기 싫어.

2018년 9월 고1

★ **outstanding** ☐ ☐ ☐

뛰어난, 두드러진

Your team showed an <u>outstanding</u> teamwork.

너희 팀은 뛰어난 협동심을 보여 줬다.

2018년 6월 고1

★ **chant** ☐ ☐ ☐

구호

Let's memorize the <u>chants</u> to cheer for our team.

우리 팀을 응원하기 위해 구호를 외웁시다.

2014년 9월 고2

Day 36

essential

glossy

heritage

cylinder

pureness

counteract

specialize

maintenance

lamppost

seal

subtropical

uncooperative

solid

topic

precision

objectivity

spectrum

animate

adjustment

describe

narrow

productive

submit

reason

harvest

verge

hormone

myth

foul

envious

Day 36

★★ **essential** ☐ ☐ ☐

필수적인, 극히 중요한

Drinking a lot of water is <u>essetial</u> for a diet.

물을 많이 마시는 것은 다이어트에 극히 중요하다.

2017년 9월 고2

★ **glossy** ☐ ☐ ☐

윤이 나는, 반짝거리는

Your new lipstick is so <u>glossy</u>.

너의 새로운 립스틱은 윤이 난다.

2014년 6월 고2

★ **heritage** ☐ ☐ ☐

유산, 문화재

The country preserves its cultural <u>heritage</u> well.

나라는 문화유산을 잘 보존하고 있다.

2017년 9월 고2

★ **cylinder** ☐ ☐ ☐

원통, 실린더 장치

Use the <u>cylinder</u>-shaped one.

원통 모양으로 된 것을 사용하세요.

2018년 9월 고2

★ pureness ☐ ☐ ☐

순수함, 깨끗한, 티 없음

DaOn couldn't conceal her <u>pureness</u>.

다온은 순수함을 감출 수 없었다.

2016년 9월 고2

★ counteract ☐ ☐ ☐

대응하다, 반응하다

How do we <u>counteract</u> his inappropriate behavior?

그의 부적합한 행동에 어떻게 대응할까요?

2014년 9월 고2

★ specialize ☐ ☐ ☐

전공하다, 전문적으로 다루다

Seo Hee <u>specializes</u> in Marketing.

서희는 마케팅을 전공한다.

2019년 6월 고2

★ maintenance ☐ ☐ ☐

유지, 관리, 보수

The price of this product includes future <u>maintenance</u>.

이 제품의 가격은 추후 유지 보수도 포함이다.

2015년 6월 고1

☆ lamppost ☐ ☐ ☐

가로등 기둥

Seung Hwan sat next to the <u>lamppost</u>.

승환이는 가로등 기둥 옆에 앉았다.

2015년 9월 고2

☆ seal ☐ ☐ ☐

봉인하다, 잠그다, 밀봉하다

The document must be <u>sealed</u> properly.

그 서류는 제대로 봉인되어야 한다.

2015년 6월 고1

☆ subtropical ☐ ☐ ☐

아열대의

<u>Subtropical</u> areas have relatively much rain.

아열대의 지역은 상대적으로 비가 많이 온다.

2015년 6월 고2

☆ uncooperative ☐ ☐ ☐

비협조적인

No one should be <u>uncooperative</u>.

🐾 한 명도 비협조적으로 행동해선 안 된다.

2018년 9월 고2

★★ solid ☐ ☐ ☐

단단한, 고체의, 견고한

Ji Hyung is <u>solid</u> of his opinion.

지형이는 본인 의견에 대해서 견고하다.

2016년 6월 고1

★ topic ☐ ☐ ☐

주제, 제목

Ra On has to pick a <u>topic</u> for today's discussion.

라온이가 오늘 토론의 주제를 정해야 한다.

2017년 9월 고1

★ precision ☐ ☐ ☐

정확, 신중함

Pay more attention to <u>precision</u> than speed.

속도보다 정확성에 더 신경 써 주세요.

2018년 6월 고2

★ objectivity ☐ ☐ ☐

객관성

Sometimes one's <u>objectivity</u> is important.

가끔은 본인의 객관성도 중요하다.

2015년 9월 고2

★ spectrum ☐ ☐ ☐

범위, 스펙트럼, 빛 띠

Let's broaden the spectrum of what we want to do.

하고 싶은 것의 범위를 넓혀 보자.

2018년 6월 고1

★ animate ☐ ☐ ☐

생기를 불어넣다

My face was animated with make-up.

화장하니 얼굴에 생기가 돌아왔다.

2014년 9월 고2

★ adjustment ☐ ☐ ☐

(약간의) 수정, 조정

You have to make a price adjustment.

너는 가격 조정을 해야 한다.

2018년 6월 고2

★ describe ☐ ☐ ☐

묘사하다, 설명하다

Describe the shape of this object.

이 물건의 모양을 묘사해 보세요.

2015년 6월 고1

⭐ narrow ☐ ☐ ☐

좁은, 협소한, 길고 좁은

This road is too <u>narrow</u> to drive.

이 거리는 운전하기에는 너무 좁다.

2017년 9월 고2

⭐ productive ☐ ☐ ☐

생산하는, 생산적인

Today was very <u>productive</u>.

오늘은 매우 생산적인 하루였다.

2014년 6월 고2

⭐ submit ☐ ☐ ☐

제출하다, 제시하다

You need to <u>submit</u> an essay before the deadline.

마감 기한 전에 논문을 제출해야 한다.

2015년 6월 고2

⭐ reason ☐ ☐ ☐

이유, 원인, 이성(부정관사 없이 사용될 때)

Tell me the <u>reason</u> why you came late today.

오늘 늦은 이유에 대해서 말해 주세요.

2016년 6월 고1

★ harvest ☐ ☐ ☐

수확하다, 추수하다

I <u>harvested</u> rice with my grandmother.

할머니와 함께 쌀을 수확했다.

2016년 9월 고1

★ verge ☐ ☐ ☐

(풀이 나 있는) 길가, 가장자리, 맨 끝

The bank is located at the <u>verge</u> of a road.

은행은 이 도로 맨 끝에 위치하고 있다.

2015년 9월 고2

★ hormone ☐ ☐ ☐

호르몬

There are some people who get growth <u>hormone</u> shots to get taller.

키가 커지기 위해 성장 호르몬 주사를 맞는 사람들이 있다.

2016년 6월 고1

★★ myth ☐ ☐ ☐

신화, 전설(상상의)

Did you hear about the ancient Greek <u>myths</u>?

고대 그리스 신화에 대해서 들어 봤나요?

2014년 6월 고2

★ **foul** ☐ ☐ ☐

악취 나는, 반칙

The <u>foul</u> is not acceptable.

🐾 반칙은 용납되지 않는다.

2016년 9월 고2

★ **envious** ☐ ☐ ☐

부러워하는

I am <u>envious</u> about my sister's intelligence.

나는 언니의 똑똑함을 부러워한다.

2014년 6월 고2

Day 37

argue

length

innocent

mail

somewhat

excessive

soon

treasure

discussion

preexisting

adaptation

hypothesis

soothe

redundant

papyrus

아는 단어가 있나요? 뜻을 적어보세요

gap

electricity

ultimate

interpretation

bison

thoughtless

astonish

freedom

unity

unfulfilled

major

stare

frequently

revenue

form

 **Day 37**

★★ argue ☐☐☐

다투다, 주장하다, 논쟁하다

Two sisters <u>argue</u> about their clothes.

두 자매는 옷 때문에 다툰다.

2016년 6월 고1

★ length ☐☐☐

길이

The <u>length</u> of the bed is longer than the previous one.

침대의 길이가 이전 것보다 길다.

2019년 6월 고1

★ innocent ☐☐☐

아무 잘못이 없는, 결백한, 순수한

Jun Ho is <u>innocent</u> in the situation.

준호는 이 상황에 대해서 결백하다.

2015년 9월 고1

★ mail ☐☐☐

우편, 편지

Don't forget to check your <u>mail</u> box.

우편함 확인하는 거 까먹지 마세요.

2017년 6월 고1

★ somewhat ☐ ☐ ☐

다소(부사)

Su Jeong was <u>somewhat</u> disappointed at her test score.

수정이는 본인의 시험 점수에 다소 실망했다.

2015년 6월 고1

★ excessive ☐ ☐ ☐

과도한, 지나친

<u>Excessive</u> drinking is harmful to your health.

과도한 음주는 건강에 해롭다.

2015년 6월 고2

★ soon ☐ ☐ ☐

곧

My birthday is coming <u>soon</u>.

내 생일이 곧 다가온다.

2019년 6월 고1

★ treasure ☐ ☐ ☐

보물, 유산

I remember doing a <u>treasure</u> hunt with my parents when I was young.

어렸을 때 부모님과 함께 보물찾기 한 것이 기억난다.

2017년 9월 고2

☆ discussion ☐ ☐ ☐

논의, 토론

Let's talk about it during the <u>discussion</u>.

논의 중에 이야기해 봅시다.

2016년 9월 고1

☆ preexisting ••• ☐ ☐ ☐

기존의, 원래 존재하는

Please save the works at a <u>preexisting</u> file.

기존의 파일에 새로운 작업을 저장해 주세요.

2018년 9월 고2

☆ adaptation ☐ ☐ ☐

각색, 적응

The drama is an <u>adaptation</u> of a 90's novel.

이 드라마는 90년대 소설의 각색이다.

2015년 6월 고2

☆ hypothesis ☐ ☐ ☐

가설, 추정

I don't believe in <u>hypotheses</u>.

나는 가설을 믿지 않는다.

2017년 9월 고2

★ **soothe** ☐ ☐ ☐

(마음을) 달래다

The mother is <u>soothing</u> the child not to cry.

엄마는 아이가 울지 않도록 달래 주고 있다.

2014년 6월 고2

★ **redundant** ☐ ☐ ☐

불필요한, 쓸모없는, 정리 해고당한, 중복되는

There were many <u>redundant</u> employees due to lack of money at the company.

돈이 부족해서 정리 해고된 직원이 많다.

2018년 9월 고2

★ **papyrus** ☐ ☐ ☐

파피루스(고대 시대에 종이를 대신하여 사용된 재료)

Bring the paper made of <u>papyrus</u>.

파피루스로 만들어진 종이 가져와라.

2015년 9월 고2

★ **gap** ☐ ☐ ☐

틈, 격차, 차이

There is a <u>gap</u> between you and your friend's English ability.

너와 너의 친구 영어 실력에 차이가 있다.

2017년 9월 고1

★★ electricity □ □ □

전기

Turn off the light. You have to save <u>electricity</u>.

불을 꺼. 전기를 절약해야 한다.

2017년 9월 고1

★ ultimate □ □ □

궁극적인, 최후의

My <u>ultimate</u> goal in life is to become a great mother.

내 인생의 궁극적인 목표는 멋진 엄마가 되는 것이다.

2018년 9월 고1

★ interpretation □ □ □

해석, 이해

It requires <u>interpretation</u> to understand correctly.

정확하게 이해하기 위해서는 해석이 필요하다.

2015년 6월 고1

★ bison □ □ □

들소

You can see a herd of <u>bison</u> at the garden.

정원에서 들소 떼를 볼 수 있다.

2015년 9월 고2

⭐ thoughtless

□ □ □

무심한, 생각 없이

Before saying something <u>thoughtless</u>, think about it again.

무심한 말을 하기 전에 한 번 더 생각해 봐요.

2014년 6월 고2

⭐ astonish

□ □ □

깜짝 놀라게 하다

Chae Hyun was <u>astonished</u> with her Christmas present.

채현은 크리스마스 선물에 깜짝 놀랐다.

2014년 6월 고1

⭐ freedom

□ □ □

자유

It is my <u>freedom</u> to choose.

선택은 나의 자유다.

2016년 6월 고1

⭐ unity

□ □ □

통일성, 통합, 통일

The main theme of these pieces is <u>unity</u>.

이 작품들의 주요 테마는 통일성이다.

2017년 6월 고1

★ unfulfilled ☐ ☐ ☐

충족되지 않은

As a result, my satisfaction was <u>unfulfilled</u>.

결과적으로 내 만족이 충족되지 않았다.

2015년 6월 고1

★ major ☐ ☐ ☐

주요한, 중대한

A <u>major</u> problem is that it's over the budget.

주요한 문제는 예산을 넘었다는 것이다.

2019년 6월 고1

★ stare ☐ ☐ ☐

🐾 빤히 쳐다보다

The woman in front of me is <u>staring</u> at me.

내 앞에 있는 여자가 나를 빤히 쳐다보고 있다.

2016년 9월 고2

★★ frequently ☐ ☐ ☐

자주, 빈번하게

The main chef <u>frequently</u> changes the dessert menu.

주방장은 자주 후식 메뉴를 바꾼다.

2016년 9월 고1

⭐ **revenue** ☐ ☐ ☐

수익, 이익

The company's <u>revenue</u> is growing steadily.

회사의 수익은 꾸준히 증가하고 있다.

2014년 9월 고2

⭐ **form** ☐ ☐ ☐

종류, 유형, 서식

Please fill out the blanks in an application <u>form</u>.

지원서 빈칸을 작성해 주세요.

2017년 6월 고2

Day 38

evaluate

nationalism

dwell

invariably

aspiration

pressure

finite

indeed

fund

option

imbalance

analyst

date

openness

pioneer

• 아는 단어가 있나요? 뜻을 적어보세요

legitimation

scroll

primate

striking

diagonally

rip

proverb

replacement

litter

syllable

testimony

clue

crash

saint

role

★ evaluate □ □ □

평가하다

Who is going to <u>evaluate</u> their performance?

누가 그들의 공연을 평가할 거야?

2016년 9월 고1

★ nationalism □ □ □

민족주의

Tell me about your country's cultural <u>nationalism</u>.

너희 나라의 문화적 민족주의에 대해서 말해 주세요.

2017년 9월 고2

★ dwell □ □ □

살다, 거주하다

I <u>dwelled</u> in the countryside when I was young.

나는 어릴 때 시골에서 살았다.

2014년 9월 고2

★ invariably □ □ □

변함없이, 언제나

So Jeong <u>invariably</u> writes a diary every night.

소정이는 변함없이 매일 밤 일기를 쓴다.

2014년 9월 고2

★ aspiration ☐ ☐ ☐

열망, 포부, 열정

Hae Na's eyes are full of <u>aspirations</u>.

해나의 눈은 열망으로 가득 찼다.

2014년 6월 고2

★★ pressure ☐ ☐ ☐

압박, 압력

If you put <u>pressure</u> on me, I can't focus more.

압박을 주면 더 집중을 못한다.

2015년 6월 고1

★ finite ☐ ☐ ☐

한정된, 제한된

The store only sells a <u>finite</u> number of shoes.

가게는 한정된 수의 신발만 판매한다.

2014년 9월 고2

★ indeed ☐ ☐ ☐

(긍정적인 대답을 강조하여) 정말, 확실히

<u>Indeed</u>, I am an honest man.

정말로 나는 정직한 사람이야.

2016년 9월 고2

★★ fund ☐ ☐ ☐

기금, 자금

We need to raise <u>funds</u> for donation.

우리는 기부할 자금을 조달해야 한다.

2019년 6월 고1

★ option ☐ ☐ ☐

선택권, 선택 사항

There are only two <u>options</u>.

두 가지 선택권밖에 없다.

2014년 6월 고2

★ imbalance ☐ ☐ ☐

불균형

There is a big <u>imbalances</u> between the departments.

부서 간의 불균형이 크다.

2014년 6월 고1

★ analyst ☐ ☐ ☐

분석가

The <u>analyst</u> announced the analysis results.

분석가가 분석 결과를 발표했다.

2015년 9월 고2

★ date ☐ ☐ ☐

날짜, 요일

What is the <u>date</u> today?

오늘의 날짜가 어떻게 돼요?

2014년 6월 고1

★ openness ☐ ☐ ☐

솔직함, 개방감

Da On confessed to me with an <u>openness</u>.

다온은 솔직함으로 나한테 고백했다.

2019년 6월 고2

★ pioneer ☐ ☐ ☐

개척자, 선구자

I want to know a <u>pioneer</u> in this field.

나는 이 분야의 개척자를 알고 싶다.

2015년 9월 고2

★ legitimation ☐ ☐ ☐

합법화, 정당화

Your acts will not define the word <u>legitimation</u>.

너의 행동은 정당화를 설명하지 못한다.

2018년 9월 고2

★ scroll ☐ ☐ ☐

두루마리

The president unrolled a <u>scroll</u> for the announcement.

회장님은 발표를 위해 두루마리를 풀었다.

2017년 9월 고2

★ primate ☐ ☐ ☐

영장류 (동물)

I am studying about a group of <u>primates</u>.

저는 영장류에 관해서 공부하고 있어요.

2014년 9월 고2

★ striking ☐ ☐ ☐

인상적인, 매력적인, 눈에 띄는, 현저한

Her performance was <u>striking</u> to me.

그녀의 공연은 인상적이었다.

2016년 9월 고1

★ diagonally ☐ ☐ ☐

대각선으로, 사선으로

Place the boxes <u>diagonally</u>.

상자를 대각선으로 놓으십시오.

2014년 9월 고1

★ rip ☐ ☐ ☐

갈기갈기 찢다, 파열되다

I fell down and my pants <u>ripped</u>.

넘어져서 바지가 찢어졌다.

2018년 9월 고2

★ proverb ☐ ☐ ☐

속담, 격언

Tell me about the impressive <u>proverb</u> you learned.

감명 깊게 배운 속담에 대해서 말해 주세요.

2017년 6월 고1

★ replacement ☐ ☐ ☐

교체, 대체

Seo Hee is busy finding a <u>replacement</u> for her position.

서희는 본인 직무의 대체자를 찾느라 바쁘다.

2018년 9월 고1

★ litter ☐ ☐ ☐

쓰레기, 버리다, 투기하다

<u>Littering</u> on the ground is prohibited.

바닥에 쓰레기를 버리는 것은 금지되어 있다.

2017년 9월 고1

★ syllable ☐ ☐ ☐

음절, 단어(개별 단위)

How many <u>syllables</u> can you find in that word?

그 단어에서 몇 개의 음절을 찾을 수 있나요?

2016년 9월 고1

★ testimony ☐ ☐ ☐

증거, 증언

Don't ever try to give a false <u>testimony</u>.

허위 증언을 할 생각도 하지 마세요.

2018년 6월 고2

★ clue ☐ ☐ ☐

단서, 힌트

You can find a <u>clue</u> from your action.

너의 행동에서 단서를 찾을 수 있다.

2015년 6월 고1

★ crash ☐ ☐ ☐

사고, 충돌

I broke my leg in a car <u>crash</u>.

차 사고로 다리를 다쳤다.

2016년 6월 고1

★ saint □ □ □

성(위대한 사람의 존칭)

Let's celebrate the <u>Saint</u> Patrick's Day.

성 패트릭의 날을 기념합시다.

🐾 2014년 6월 고2

★ role □ □ □

역할, 기능

What is my <u>role</u> in this film?

이 영화에서 내 역할은 뭐야?

2017년 6월 고1

Day 39

appraise

hero

traveler

head

disregard

deception

radiation

personality

subdivide

boost

prosperity

deplete

excuse

carefully

evidence

loss

worsen

lottery

universal

spot

dispose

logical

epic

crowd

erasable

handful

quietude

fictitious

observation

rhythm

★ **appraise** ☐ ☐ ☐

살피다, 평가하다

Who will <u>appraise</u> my work?

누가 내 업무를 평가할 거야?

2019년 6월 고2

★ **hero** ☐ ☐ ☐

영웅, 주연 배우

You saved my life. You are my <u>hero</u>.

네가 내 인생을 살렸어. 넌 나의 영웅이야.

2019년 6월 고1

★ **traveler** ☐ ☐ ☐

여행자

This offer is only for the <u>travelers</u>.

이 제안은 오로지 여행자들을 위한 것이다.

2014년 9월 고2

★ **head** ☐ ☐ ☐

(특정 방향으로) 가다

We are <u>heading</u> to the graduation party.

우리는 졸업 파티에 가고 있다.

2014년 9월 고2

★ disregard ☐ ☐ ☐

무시하다, 간과하다

Don't ever <u>disregard</u> my advices.

내 충고를 절대 무시하지 마.

2018년 9월 고2

★ deception ☐ ☐ ☐

속임, 사기

Everything this friend is saying is a full of <u>deception</u>.

이 친구가 말하는 것은 전부 사기 투성이다.

2014년 9월 고1

★ radiation ☐ ☐ ☐

방사선, 방출, 방사

The country is not exposed to <u>radiation</u>.

그 나라는 방사능에 노출되어 있지 않다.

2017년 9월 고2

★★ personality ☐ ☐ ☐

성격, 개성

Your <u>personality</u> is similar to mine.

너의 성격은 나랑 비슷하다.

2014년 9월 고2

★ subdivide □ □ □

다시 나누다, 세분하다

It is not fair, let's <u>subdivide</u> the work.

공평하지 않다. 일은 다시 나누자.

2015년 6월 고1

★ boost □ □ □

신장시키다, 북돋우다

Incentives will be given if we <u>boost</u> up the sales.

판매를 증가시키면 인센티브를 준다.

2018년 6월 고2

★★ prosperity ••• □ □ □

번영, 번성

I wish(that) your business brings you <u>prosperity</u>.

사업 번창하시길 바랍니다.

2014년 6월 고2

★ deplete □ □ □

고갈시키다

Ultimately, the supplies were rapidly <u>depleted</u>.

결국 공급량은 급격히 고갈되었다.

2019년 6월 고2

★ excuse ☐ ☐ ☐

변명, 구실

Don't make any <u>excuses</u> fir your absences.

결석에 대해서 아무런 변명도 하지 마세요.

2017년 6월 고1

★ carefully ☐ ☐ ☐

주의하여, 신중히

Move the fragiles very <u>carefully</u>.

깨지기 쉬운 물건들을 주의해서 옮겨라.

2016년 9월 고1

★★★ evidence ☐ ☐ ☐

증거

Did you find the <u>evidence</u> of that crime?

그 범행에 대한 증거를 찾았나요?

2016년 9월 고1

★ loss ☐ ☐ ☐

분실, 손실

The rest of the <u>loss</u> will be covered by the leader.

남은 손실은 팀장이 메꿔 줄 거예요.

2014년 9월 고2

★ worsen □ □ □

악화되다, 더 나빠지다.

The weather will <u>worsen</u> so just stay home.

날씨가 더 악화될 것이니 집에 계세요.

2015년 9월 고2

★ lottery □ □ □

복권

Seung Hwan won the <u>lottery</u> for the first time.

승환이는 처음으로 복권에 당첨되었다.

2014년 6월 고1

★ universal □ □ □

일반적인, 전 세계적인, 보편적인

The trends of K-Pop throughout the world became <u>universal</u>.

전 세계 K-Pop 트렌드는 보편화되었다.

2016년 6월 고1

★ spot □ □ □

점, 반점, 장소

Ji Hyung is wearing a white hat with a black <u>spots</u> on it.

지형이는 검정색 점이 있는 흰 모자를 쓰고 있다.

2019년 6월 고1

⭐ dispose ☐☐☐

없애다, 배치하다, ~의 경향을 갖게 되다

Please <u>dispose</u> after using them.

사용하신 후 처분해 주세요.

2015년 9월 고2

⭐ logical ☐☐☐

타당한, 논리적인

Give me a <u>logical</u> reason why we have to follow you.

우리가 너를 따라야 하는 타당한 이유를 제시해 주세요.

2018년 6월 고1

⭐ epic ☐☐☐

서사시

The famous actor was casted for the <u>epic</u> drama.

그 유명한 배우는 서사 드라마에 캐스팅되었다.

2016년 9월 고2

⭐ crowd ☐☐☐

사람들, 무리

A <u>crowd</u> of people gathered in front of a carnival. 🐾

사람들이 카니발 앞에 모여 있다.

2016년 9월 고2

★ erasable ☐ ☐ ☐

지울 수 있는

The stain on my white shirt is not <u>erasable</u>.

흰 셔츠에 묻은 얼룩은 지울 수 없다.

2016년 9월 고2

★ handful ☐ ☐ ☐

한 움큼

Students were asked to bring <u>handful</u> of rice.

학생들은 쌀 한 움큼을 가져오라고 요청받았습니다.

2015년 6월 고1

★ quietude 🐾 ☐ ☐ ☐

정적, 고요

There was a sudden <u>quietude</u> during the discussion.

토론 중에 갑자기 고요해졌다.

2019년 6월 고1

★ fictitious ☐ ☐ ☐

가상의

Ra On falls in love with the <u>fictitious</u> character in a drama.

라온은 드라마에 나오는 가상의 인물과 사랑에 빠졌다.

2016년 9월 고1

★★ observation

관찰, 감시

Let's find out the flaws through close <u>observation</u>.

자세한 관찰을 통해 결함을 찾아냅시다.

2018년 9월 고1

★ rhythm

리듬

Jun Ho started to dance to the <u>rhythm</u>.

준호는 리듬에 맞추어 춤추기 시작했다.

2017년 6월 고1

Day 40

overabundance

tricky

ceremony

direction

extra

double

acceleration

rebellion

choice

troop

clearly

deduct

respondent

fringe

rigid

😸 아는 단어가 있나요? 뜻을 적어보세요

pharmaceutical

enthusiasm

reach

overtime

incredibly

disorder

whiny

diligently

properly

slip

function

phase

disappoint

reminder

smother

Day 40

★ **overabundance** □ □ □

과잉, 과다

I ate <u>overabundance</u> of food and got a stomachache.

나는 너무 많은 양의 음식을 먹고 배탈이 났다.

2017년 6월 고2

★ **tricky** □ □ □

까다로운, 곤란한

This situation is so <u>tricky</u> to handle.

이 상황은 다루기 너무 까다롭다.

2018년 6월 고2

★ **ceremony** □ □ □

의식, 식

The <u>ceremony</u> will begin at 10:00 am.

의식은 오전 10시에 시작됩니다.

2019년 6월 고1

★ **direction** □ □ □

방향, 지침

Which <u>direction</u> is to the supermarket?

슈퍼마켓으로 가는 방향은 어디입니까?

2017년 6월 고1

★ extra ☐ ☐ ☐

추가의, 여분의

I will order an <u>extra</u> sauce.

추가의 소스를 주문할게요.

2016년 6월 고1

★ double ☐ ☐ ☐

두 배의, 배 이상의

It costs <u>double</u> compared to other store.

다른 가게와 비교했을 때 비용이 두 배다.

2015년 6월 고2

★ acceleration ☐ ☐ ☐

가속

A new car has good <u>acceleration</u>.

새로운 차는 가속도가 좋다.

2018년 9월 고2

★ rebellion ☐ ☐ ☐

반란, 저항

I can't handle teenagers <u>rebellion</u>.

청소년들의 반항을 감당할 수 없다.

2016년 9월 고2

★ choice ☐ ☐ ☐

선택

It is difficult to choose from a vaious **choice** of menus.

메뉴 선택의 폭이 넓어서 고르기 힘들다.

2016년 6월 고1

★ troop ☐ ☐ ☐

병력, 군대

The **troop** follows the general's command.

군대는 장군의 명령을 따른다.

2014년 9월 고2

★ clearly ☐ ☐ ☐

또렷하게, 명확하게, 알기 쉽게

Please **clearly** express your experience.

경험에 대해서 명확하게 표현해 주세요.

2014년 6월 고1

★ deduct ☐ ☐ ☐

공제하다, 제하다, 감하다

The points will be **deducted** if you don't follow the class rules.

수업 규칙을 따르지 않으면 점수가 깎인다.

2016년 9월 고2

⭐ respondent ☐ ☐ ☐

응답자, 참여자

<u>Respondent</u> needs to look carefully and conduct a survey.

응답자들은 신중하게 보고 설문 조사에 답해 주세요.

2017년 6월 고1

⭐ fringe ☐ ☐ ☐

가장자리, 끄트머리

Be careful with the screws on the <u>fringe</u> of wood.

나무 가장자리에 있는 못을 조심하세요.

2016년 9월 고2

⭐ rigid ☐ ☐ ☐ 🐾

엄격한, 융통성 없는

The method of running a class is very <u>rigid</u>.

수업을 운영하는 방법이 너무 융통성이 없다.

2016년 9월 고2

⭐ pharmaceutical ☐ ☐ ☐

약학의, 제약의

Su Jeong used to work at a <u>pharmaceutical</u> company before.

수정이는 예전에 제약 회사에서 근무했었다.

2019년 6월 고2

☆ enthusiasm ☐☐☐

열광, 열정

Freshmen were full of <u>enthusiasm</u> on the first day of school.

신입생들은 개학 첫날에 열정이 가득했다.

2017년 6월 고1

★★ reach ❖❖ ☐☐☐

~에 이르다, 다다르다

The summer in Korea is very hot that the temperature can <u>reach</u> up to 40˚C.

한국의 여름은 섭씨 40도까지 이를 정도로 매우 덥다.

2016년 9월 고1

☆ overtime ☐☐☐

초과 근무, 야근

I had to work <u>overtime</u> to meet the deadline.

마감 기한을 맞추기 위해 초과 근무를 해야 했다.

2018년 9월 고1

☆ incredibly ☐☐☐

믿을 수 없을 정도로, 엄청나게

A new computer is <u>incredibly</u> fast with no errors.

새로운 컴퓨터는 에러 없이 엄청나게 빠르다.

2019년 6월 고2

⭐ **disorder** ☐ ☐ ☐

엉망, 장애

The conference was in complete <u>disorder</u>.

회의는 완전히 엉망으로 진행되었다.

2017년 9월 고2

⭐ **whiny** ☐ ☐ ☐

불평하는, 투덜대는

Many teenagers are <u>whiny</u>, complaing their grade in class

많은 청소년들이 학업 성적을 불평하며 투덜거린다.

2015년 6월 고2

⭐ **diligently** ☐ ☐ ☐

부지런히, 성실히

Chae Hyun worked <u>diligently</u> and finished it on time.

채현이는 부지런히 일해서 제시간에 일을 끝냈다.

2018년 6월 고2

⭐ **properly** ☐ ☐ ☐

적절히, 올바로

If you follow the manual then it will work <u>properly</u>.

매뉴얼을 따른다면 올바르게 작동할 것이다.

2014년 6월 고1

★ slip ☐ ☐ ☐

미끄러지다

Hae Na <u>slipped</u> in the rain.

해나는 비가 와서 미끄러졌다.

2018년 9월 고2

★ function ☐ ☐ ☐

기능, 함수

This device has a variety of <u>functions</u>.

이 기계는 다양한 기능을 가지고 있다.

2019년 6월 고2

★ phase ☐ ☐ ☐

단계, 소 단락, 어구

I encountered a problem during the last <u>phase</u>.

마지막 단계에서 문제에 부딪혔다.

2019년 6월 고1

★ disappoint ☐ ☐ ☐

실망시키다

I am <u>disappointed</u> at your dishonest act.

너의 부정직한 행동에 실망했다.

2016년 9월 고1

★ reminder □ □ □

상기시키는 것

Please give me an email <u>reminder</u> of that event.

그 행사에 대해 상기시켜 주는 이메일을 보내 주세요.

2015년 6월 고1

★ smother □ □ □

(불을) 덮어 끄다

Firefighters tried to <u>smother</u> the fires.

소방관들이 불을 끄려고 노력했다.

2018년 9월 고2

Day 41

peril

wise

whichever

flute

conduct

humidity

treaty

emission

elderly

outermost

complexity

strange

instrument

hollow

stage

아는 단어가 있나요? 뜻을 적어보세요

cycle

disable

look-alike

language

backward

sanction

dependent

tension

career

precise

suburb

lend

container

drill

mixture

Day 41

★ peril ☐ ☐ ☐

(심각한) 위험

Da On's startup company is in <u>peril</u> now.

다온의 창업은 지금 위험에 처했다.

2018년 9월 고2

★ wise ☐ ☐ ☐

지혜로운, 현명한

Seo Hee purchased a bag in a <u>wise</u> price.

서희는 현명한 가격에 가방을 구매했다.

2017년 9월 고1

★ whichever ☐ ☐ ☐

어느 쪽이든 ~ 한 것

Pick <u>whichever</u> shoes you like.

어느 신발이든 맘에 드는 것을 고르세요.

2015년 6월 고2

★ flute ☐ ☐ ☐

플루트(악기)

Seung Hwan is good at playing a <u>flute</u>.

승환이는 플루트 연주를 잘한다.

2019년 6월 고1

★★ conduct ☐ ☐ ☐

지휘하다, (특정한 활동을) 하다

The jazz concert will be <u>conducted</u> by well-known conductor.

재즈 콘서트는 유명한 지휘자가 지휘할 것이다.

2015년 6월 고1

★ humidity ☐ ☐ ☐

습도

Staying home is recommended when the <u>humidity</u> is so high.

습도가 매우 높을 때는 집에 있는 것을 추천한다.

2017년 9월 고2

★ treaty ☐ ☐ ☐

조약, 협약

The cosmetic company signed a <u>treaty</u> with an advertising company.

화장품 회사는 홍보 회사와 조약을 맺었다.

2015년 6월 고2

★ emission ☐ ☐ ☐

배출, 방출

Please quickly control the gas <u>emissions</u>.

빨리 가스 배출을 통제시켜 주세요.

2016년 9월 고2

411

★ elderly ☐ ☐ ☐

연세가 드신, 노인의

The special seats are provided to the <u>elderly</u> people.

특별 좌석은 노인들에게 제공된다.

2016년 9월 고2

★ outermost ☐ ☐ ☐

가장 바깥쪽의

Count the numbers from <u>outermost</u>.

가장 바깥쪽의 숫자부터 세 주세요.

2015년 6월 고1

★ complexity ☐ ☐ ☐

복잡함, 정교함

A pin number should be made of the <u>complexity</u> of different characters.

비밀번호는 다른 문자의 복잡성으로 만들어져야 한다.

2014년 9월 고2

★ strange ☐ ☐ ☐

이상한, 이색적인, 이방의

The <u>strange</u> man is looking at me.

이상한 남자가 나를 쳐다보고 있다.

2018년 6월 고1

★ instrument ☐ ☐ ☐

악기, 기구

Ji Hyung had to repair his <u>instrument</u>.

지형이는 악기를 수리해야 했다.

2016년 9월 고2

★ hollow ☐ ☐ ☐

(속이) 빈, 움푹 꺼진

Ra On looked so tired with <u>hollow</u> cheeks.

라온은 움푹 파인 볼 때문에 매우 피곤해 보인다.

2015년 6월 고2

★ stage ☐ ☐ ☐

단계, 시기

This is the final <u>stage</u> of production.

이것이 제작의 마지막 단계이다.

2018년 6월 고1

★ cycle ☐ ☐ ☐

순환, 주기

It operates according to the <u>cycle</u>.

주기에 맞춰서 작동한다.

2014년 9월 고2

★ disable ☐ ☐ ☐

장애를 입히다, 망가뜨리다

Ra On tried to fix the machine but he <u>disabled</u> it.

라온은 기계를 고치려고 했지만 망가뜨렸다.

2014년 6월 고2

★ look-alike ☐ ☐ ☐

~를 닮은 사람, 매우 흡사한 사람

My sister and I <u>look alike</u>.

우리 언니와 나는 닮았다.

2016년 9월 고2

★ language ☐ ☐ ☐

언어

Which <u>language</u> do you use?

어떤 언어를 사용하나요?

2017년 6월 고1

★ backward ☐ ☐ ☐

뒤의, 퇴보하는, 뒤로 가는

Da On laughed seriously and fell <u>backward</u>.

다온은 심각하게 웃다가 뒤로 넘어졌다.

2014년 6월 고2

★ sanction ☐ ☐ ☐

허가, 승인하다, 제재

You need to obtain the <u>sanction</u> to start it.

시작하기 위해선 허가를 받아야 한다.

2019년 6월 고2

★ dependent ☐ ☐ ☐

의존하는, 의존적인

When I was teenager, I was <u>dependent</u> on my parents for everything. 🐾

청소년이었을 때, 나는 모든 것을 부모님에게 의존했다.

2016년 9월 고2

★ tension ☐ ☐ ☐

긴장 상태

Don't let the <u>tension</u> go until it ends.

끝날 때까지 긴장감을 놓지 마세요.

2014년 6월 고2

★★ career ☐ ☐ ☐

직업, 직장 생활

Do you have any plans for your <u>career</u>?

너의 직업에 대해서 계획이 있나요?

2016년 6월 고1

★ precise ☐ ☐ ☐

정확한, 정밀한

Can you give me a more <u>precise</u> details about the product?

상품에 대해서 더 정확한 세부 내용을 알려 주실 수 있나요?

2019년 6월 고1

★ suburb ☐ ☐ ☐

교외, 외곽 지역

My grandparents live in a <u>suburb</u> area of California.

나의 조부모는 캘리포니아 교외 지역에 거주하신다.

2017년 6월 고1

★ lend ☐ ☐ ☐

빌려주다

Can you <u>lend</u> me your laptop tomorrow?

내일 너의 컴퓨터를 빌려줄 수 있나요?

2014년 9월 고2

★ container ☐ ☐ ☐

그릇, 용기

Could you please keep the remaining foods in a <u>container</u>?

남은 음식은 그릇에 담아 주실 수 있나요?

2018년 9월 고2

★ **drill** ☐ ☐ ☐

드릴, 송곳, 뚫다

Ra On is using an electric <u>drill</u> to hang on the paintings.

라온은 그림들을 걸기 위해 전기 드릴을 사용하고 있다.

2015년 9월 고2

★ **mixture** ☐ ☐ ☐

혼합물, 배합

This juice is a <u>mixture</u> of strawberry and bananas.

이 주스는 딸기와 바나나의 혼합이다.

2017년 6월 고1

417

Day 42

effort

incinerator

neglect

thread

tourism

absence

bracket

ray

reservation

calmness

savvy

mend

calculation

depict

backfire

♣ 아는 단어가 있나요? 뜻을 적어보세요

encourage

surround

crop

congestion

leap

tightly

stereotype

safely

primary school

linguist

eliminate

scent

pollution

hurdle

amenity

Day 42

★★ **effort** ☐ ☐ ☐

수고, 노력

You have to put more <u>effort</u> into this project.

이 프로젝트에 더 많은 노력을 해야 된다.

2018년 6월 고1

★ **incinerator** ☐ ☐ ☐

소각로

The smell of the garbage <u>incinerator</u> is serious problem.

쓰레기 소각장의 냄새는 심각한 문제이다.

2016년 9월 고2

★ **neglect** ☐ ☐ ☐

방치하다, 무시하다

Please don't <u>neglect</u> your works.

본인의 업무를 방치하지 말아줘.

2016년 9월 고1

★ **thread** ☐ ☐ ☐

실, (실 등을) 꿰다

I untied the <u>tangled</u> threads.

나는 엉킨 실들을 풀었다.

2018년 9월 고2

★ tourism ☐ ☐ ☐

관광업, 관광

Jun Ho works at the <u>tourism</u> company.

준호는 관광업에서 일한다.

2014년 9월 고2

★ absence ☐ ☐ ☐

결석, 부재

You will fail your class if you have more than 4 <u>absences</u>.

4번 이상의 결석이 있으면 낙제될 것이다.

2015년 6월 고2

★ bracket ☐ ☐ ☐

괄호

Use the <u>brackets</u> to emphasize the meaning.

의미를 강조하기 위해 괄호를 사용해라.

2018년 9월 고1

★ ray ☐ ☐ ☐

광선, 빛

Since the weather is so nice, let's go out and grab some <u>ray</u>.

날씨가 엄청 좋으니까 나가서 햇볕을 쬐고 오자.

2018년 6월 고1

★ reservation ☐ ☐ ☐

예약, 저장

Without <u>reservations</u>, you can't go to that restaurant.

예약 없이는 그 레스토랑에 못 간다.

2017년 6월 고1

★ calmness ☐ ☐ ☐

침착, 고요, 평온

Su Jeong is good at enduring hardships with <u>calmness</u>.

수정이는 침착하게 고난을 잘 견뎌낸다.

2014년 6월 고2

★ savvy ☐ ☐ ☐

(실용적인) 지식, 상식, 요령

Chae Hyun helped me solve the problem with her <u>savvy</u>.

채현이는 본인의 지식으로 문제 해결하는 것을 도와줬다.

2017년 6월 고2

★ mend ☐ ☐ ☐

수리하다, 고치다

Can you <u>mend</u> my laptop?

제 컴퓨터를 고쳐 주실 수 있나요?

2019년 6월 고2

⭐ calculation ☐ ☐ ☐

계산, 산출

I checked several times for accurate <u>calculations</u>.

정확한 계산을 위해 여러 번 확인했다.

2015년 6월 고1

⭐ depict ☐ ☐ ☐

~ 묘사하다, 그리다

Hae Na bought a painting <u>depicting</u> her mind.

해나는 본인의 생각을 묘사하고 있는 그림을 구매했다.

2014년 9월 고2

⭐ backfire ☐ ☐ ☐

역효과를 낳다

Let's think carefully because that idea can <u>backfire</u>.

그 아이디어는 역효과를 낳을 수 있으니 신중하게 생각하자.

2018년 9월 고1

⭐ encourage ☐ ☐ ☐

격려하다, 용기를 북돋우다

My parents <u>encouraged</u> me whenever I look tired.

우리 부모님은 내가 힘들어 보일 때마다 용기를 북돋아 준다.

2016년 9월 고2

★ surround □ □ □

둘러싸다, 주위의

A cute dog is <u>surrounded</u> by many people.

귀여운 강아지는 많은 사람에게 둘러싸여 있다.

2017년 6월 고1

★ crop ❖ □ □ □

농작물, 수확량

A hard rain ruined <u>crops</u>.

폭우가 농작물을 망쳤다.

2016년 6월 고1

★ congestion □ □ □

혼잡, 정체

I will be late because of the traffic <u>congestion</u>.

교통 혼잡으로 인해 늦을 것 같다.

2016년 9월 고2

★★ leap □ □ □

높이 뛰다, 뛰어오르다

I saw a dolphin <u>leaping</u> out of the water.

돌고래가 물 밖으로 높이 뛰어오르는 것을 봤다.

2018년 9월 고1

★ tightly ☐ ☐ ☐

단단히, 꽉, 빽빽이

The door was closed <u>tightly</u>.

문이 단단하게 잠겨 있었다.

2015년 9월 고1

★ stereotype ☐ ☐ ☐

고정 관념, 편견

It is hard to break the <u>stereotypes</u>.

고정 관념을 깨는 것은 어렵다.

2019년 6월 고2

★ safely ☐ ☐ ☐

안전하게

Please drive <u>safely</u>.

안전하게 운전하세요.

2016년 9월 고1

★ primary school ☐ ☐ ☐

초등학교

My niece just entered a <u>primary school</u>.

나의 조카는 막 초등학교에 입학했다.

2017년 9월 고1

★ linguist ☐ ☐ ☐

언어에 능한 사람

Da On is a <u>linguist</u> so she helped interpretation.

다온은 여러 언어에 능통하기 때문에 통역을 도와줬다.

2016년 9월 고1

★★★ eliminate ☐ ☐ ☐

탈락하다, 없애다, 제거하다

My team was unfortunately <u>eliminated</u> from the competition.

우리 팀은 아쉽게도 대회에서 탈락했다.

2017년 9월 고1

★ scent ☐ ☐ ☐

향기 🐾

I love the <u>scent</u> of flowers.

나는 꽃의 향기를 사랑한다.

2014년 9월 고2

★ pollution ☐ ☐ ☐

오염

In order to avoid the <u>pollution</u>, don't throw trash in the water.

오염을 막기 위해 물에 쓰레기를 버리지 말아야 한다.

2014년 9월 고1

★ **hurdle** ☐ ☐ ☐

장애물 (허들), 뛰어넘다

Seo Hee won a game by clearing all the <u>hurdles</u>.

서희는 모든 장애물을 넘으면서 게임에서 우승했다.

2016년 9월 고2

★ **amenity** ☐ ☐·☐

무료 서비스 용품, 생활 편의 시설

You can access to all local <u>amenities</u> with that card.

그 카드로 모든 지역 편의 시설을 사용할 수 있다.

2016년 9월 고1

Day 43

parachute

establish

request

undergraduate

holder

possession

long-held

scan

relation

composite

unwise

cave

curse

global

rationality

❀ 아는 단어가 있나요? 뜻을 적어보세요

supplier

disability

acceptable

intervene

border

healthy

breath

perspective

exceed

puberty

intrinsic

elude

block

attractive

standardize

★ **parachute** ☐ ☐ ☐

낙하산

The plane is equipped with a <u>parachute</u>.

비행기 안에는 낙하산이 구비되어 있다.

2016년 9월 고1

★ **establish** ☐ ☐ ☐

설립하다

The company was <u>established</u> a decade ago.

회사는 십 년 전에 설립되었다.

2018년 6월 고1

★★ **request** ☐ ☐ ☐

요청, 신청, 요청하다, 신청하다

<u>Requests</u> will be accepted through email only.

신청은 이메일로만 받습니다.

2014년 6월 고1

★ **undergraduate** ☐ ☐ ☐

대학생, 학부생

Seung Hwan is an <u>undergraduate</u> majoring in Business.

승환이는 경영을 전공하는 대학생이다.

2015년 9월 고1

★ holder ☐ ☐ ☐

소유자, 주주

Who is a <u>holder</u> of this apartment?

이 아파트의 소유자는 누구인가요?

2016년 6월 고1

★ possession ☐ ☐ ☐

소유, 보유, 소유물

Don't leave your personal <u>possessions</u> on the bus.

개인 소지품을 버스 안에 두고 내리지 마세요.

2016년 9월 고2

★ long-held ☐ ☐ ☐

오랫동안 간직해 온

CEO confessed a <u>long-held</u> secret of the company.

사장님은 오랫동안 간직해 온 회사의 비밀을 고백하셨다.

2014년 6월 고1

★ scan ☐ ☐ ☐

(특히 무엇을 찾느라고 유심히) 살피다

Please <u>scan</u> the documents thoroughly.

철저하게 서류를 살펴 주세요.

2015년 6월 고2

★ relation   ☐ ☐ ☐

관계, 연관

Ji Hyung has no <u>relation</u> with this problem.

지형이는 이 문제와 관계가 없다.

2014년 6월 고2

★ composite   ☐ ☐ ☐

합성의, 복합

RaOn made a <u>composite</u> picture with Photoshop.

라온은 포토샵으로 합성 사진을 만들었다.

2018년 6월 고1

★ unwise   ☐ ☐ ☐

현명하지 못한, 어리석은

You just planned an <u>unwise</u> schedule.

너는 현명하지 않은 시간표를 짰다.

2015년 6월 고1

★ cave   ☐ ☐ ☐

🐾 동굴

My voice is echoing in the <u>cave</u>.

동굴 안에서 내 목소리가 울린다.

2015년 6월 고1

★ curse ☐ ☐ ☐

욕, 악담, 저주

Because I had to leave Jun Ho alone, he started to <u>curse</u> at me.

준호를 혼자 두고 가야 했기 때문에, 준호는 나에게 욕을 하기 시작했다.

2017년 9월 고2

★ global ☐ ☐ ☐

세계적인

That was the <u>global</u> news.

그것은 세계적인 뉴스였다.

2019년 6월 고1

★ rationality ☐ ☐ ☐

순리성, 합리성

Your argument is contrary to <u>rationality</u>.

너의 주장은 합리성과 어긋난다.

2014년 9월 고2

★ supplier ☐ ☐ ☐

공급자

We made a contract with a leading <u>supplier</u> of raw materials in Korea.

한국의 선도적인 원자재 공급자와 계약을 맺었다.

2018년 6월 고1

★ disability ☐ ☐ ☐

(정신적, 신체적) 장애

Due to the car accident, Su Jeong is suffering from physical <u>disability</u>.

교통사고 때문에 수정이는 신체적 장애로부터 고통 받고 있다.

2016년 6월 고1

★ acceptable ☐ ☐ ☐

받아들여지는, 용인되는

Your excuses are not <u>acceptable</u>.

너의 변명은 용납되지 않는다.

2018년 6월 고1

★ intervene ☐ ☐ ☐

(상황 개선을 돕기 위해) 개입하다, 끼어들다, 중재하다

It is between the two of us, so please don't <u>intervene</u>.

우리 둘만의 문제니깐, 너는 끼어들지 마.

2018년 9월 고1

★ border ☐ ☐ ☐

국경, 구획선

You can't go over the <u>border</u> line.

너는 국경선을 넘을 수 없다.

2015년 6월 고2

★ healthy ☐ ☐ ☐

건강한, 유익한

We need to eat <u>healthy</u> food.

우리는 건강에 좋은 음식을 먹어야 한다.

2017년 6월 고1

★ breath ☐ ☐ ☐

🐾 숨, 공기

I can't hold my <u>breath</u> when I swim.

수영할 때 숨을 참는 것이 어렵다.

2014년 6월 고2

★★ perspective ☐ ☐ ☐

관점, 시각

From my <u>perspective</u>, that topic is complicated.

나의 관점에서 그 주제는 복잡하다.

2016년 9월 고1

★ exceed ☐ ☐ ☐

넘다, 초과하다

The speed <u>exceeds</u> the limits.

속도가 한계를 초과했다.

2014년 6월 고1

★ puberty □ □ □

사춘기

I never experienced <u>puberty</u>.

나는 사춘기를 경험하지 않았다.

2014년 9월 고1

★ intrinsic □ □ □

고유한, 본질적인

During the experiment, don't bother the <u>intrinsic</u> factors.

실험하는 동안 본질적인 요소는 건들지 마라.

2016년 9월 고2

★ elude □ □ □

교묘하게 벗어나다 (피하다)

Chae Hyun <u>eludes</u> us for a month.

채현은 우리를 한 달 동안 피해 다녔다.

2018년 9월 고2

★★ block □ □ □

가로막다, 차단하다

People are <u>blocking</u> my way.

사람들이 내 길을 가로막고 있다.

2016년 9월 고1

★ attractive   □ □ □

매력적인

I found an <u>attractive</u> venue for my birthday party.

내 생일 파티를 할 매력적인 장소를 찾았다.

2016년 9월 고1

★ standardize   □ □ □

표준화하다

Let's <u>standardize</u> the curriculum of courses.

교과 과정을 표준화합시다.

2018년 6월 고2

Day 44

vest

clinical

successful

restrict

single

entirely

ironically

registration

rocky

presumably

terrify

headset

glaze

shorten

alive

🐾 아는 단어가 있나요? 뜻을 적어보세요

deadline

intuitive

incentive

impossible

substandard

dread

diversity

distribute

currently

duty

noteworthy

exact

peak

herd

offer

Day 44

★ **vest** ☐ ☐ ☐

조끼

We need to wear a <u>vest</u> for special events.

우리는 특별한 행사에 조끼를 입어야 한다.

2018년 9월 고2

★ **clinical** ☐ ☐ ☐

임상의

Researchers conducted a drug <u>clinical</u> trials to mice.

연구원들은 쥐들에게 약물 임상 실험을 실시했다.

2018년 9월 고1

★ **successful** ☐ ☐ ☐

성공한

The year-end party was <u>successful</u>.

연말 파티는 성공적이었다.

2016년 6월 고1

★ **restrict** ☐ ☐ ☐

제한하다, 한정하다

People are <u>restricted</u> to use cell phones without permissions.

사람들이 허락 없이 휴대폰을 사용하는 것은 제한된다.

2016년 9월 고2

★single　□ □ □

단 하나의

Participants will receive a <u>single</u> ticket to the after party.

참가자는 뒤풀이 입장권을 한 장 받을 것이다.

2019년 6월 고1

★ entirely　□ □ □

전적으로, 전부

Majority of people <u>entirely</u> agree with your idea.

대부분의 사람이 네 말에 전적으로 동의한다.

2017년 6월 고2

★ ironically　□ □ □

비꼬아, 반어적으로

<u>Ironically</u>, Ji Hyung expressed his feeling.

지형이는 비꼬아서 감정을 표현했다.

2014년 6월 고1

★ registration　□ □ □

등록, 신청

Don't forget to fill out this <u>registration</u> form.

잊지 말고 신청서 꼭 작성해 주세요.

2016년 9월 고1

★ rocky

바위로 된, 울퉁불퉁한

We climbed a <u>rocky</u> mountain.

바위로 된 산을 등산했다.

2015년 6월 고2

★ presumably

아마, 짐작건대

<u>Presumably</u> this is the place where I lost my phone.

아마도 여기가 내가 핸드폰을 잃어버린 장소 같아.

2014년 9월 고2

★ terrify

무섭게 하다, 겁에 질리게 하다

I got stuck in the elevator and it <u>terrifies</u> me.

나는 엘리베이터에 갇혔고, 이것은 날 무섭게 했다.

2017년 9월 고2

★ headset

헤드폰, 헤드폰 장치

I dropped my <u>headset</u> into the water and it's not working now.

헤드폰을 물에 빠트려서 고장 났다.

2018년 9월 고1

★ glaze

게슴츠레해지다, 쳐다보다

Seo Hee <u>glazed</u> at me with sleepy eyes.

서희는 졸린 눈으로 게슴츠레 쳐다봤다.

2015년 6월 고2

★ shorten

단축하다, 짧아지다, 줄이다

Let's <u>shorten</u> the time of work.

근무 시간을 단축하자.

2016년 9월 고2

★ alive

살아 있는

That fish toy looked so <u>alive</u>.

저 물고기 장난감은 살아 있는 것처럼 보인다.

2014년 6월 고2

★★ deadline

기한, 마감

You must submit it before the <u>deadline</u> of a project.

프로젝트 마감일 전에 꼭 제출해야 한다.

2017년 6월 고1

★ intuitive ☐ ☐ ☐
생각이 직감에 의한, 직감의

Employees organized a special service by their <u>intuitive</u> sense.
직원들은 그들의 직감적인 센스로 특별한 서비스를 기획했다.

2019년 6월 고2

★★ incentive ☐ ☐ ☐
장려, 우대책, 인센티브

You will receive <u>incentives</u> if you sell more than 10 products.
10개 이상의 제품을 판매하면 장려금을 받을 것이다.

2014년 9월 고1

★ impossible ☐ ☐ ☐
불가능한

If you try your best, nothing is <u>impossible</u>.
최선을 다해 열심히 한다면 불가능한 것은 없다.

2017년 9월 고1

★ substandard ☐ ☐ ☐
수준 이하의, 열악한

It was an <u>substandard</u> movie I've ever watched.
내가 본 것 중 가장 수준 이하의 영화였다.

2015년 9월 고2

★ dread ☐ ☐ ☐

몹시 무서워하다, 두려워하다

I still <u>dread</u> ghosts.

나는 아직도 귀신을 두려워한다.

2016년 9월 고2

★ diversity ☐ ☐ ☐

다양성

It is hard to narrow a single decision because there are <u>diversities</u> in the crowd.

대중들의 다양성으로 인해 하나의 결론을 도출하기는 어렵다.

2018년 9월 고1

★ distribute ☐ ☐ ☐

나누어 주다, 분배하다

Who wants to help me <u>distribute</u> these worksheets?

누가 함께 연습 평가지를 나누어 줄까요?

2015년 6월 고1

★ currently ☐ ☐ ☐

현재, 지금

<u>Currently</u>, I am heading to the library.

🐾 현재 나는 도서관으로 이동 중이다.

2017년 9월 고2

★ duty □ □ □

의무, 책임

My <u>duty</u> is to make sure all the products are returned.

모든 제품이 반납되었는지 확인하는 것이 내 의무다.

2018년 6월 고2

★ noteworthy □ □ □

주목할 만한, 눈에 띄는

This is <u>noteworthy</u> so you must know about it.

이것은 주목할 만하니까 네가 꼭 알아야 해.

2016년 9월 고1

★ exact □ □ □

정확한, 빈틈없는

Can I know the <u>exact</u> measurement of it?

정확한 수치를 알 수 있을까요?

2016년 6월 고1

★★ peak □ □ □

절정, 최고조, 산 정상

This part is the <u>peak</u> of the movie.

이 부분이 영화의 절정이야.

2014년 9월 고2

★ herd ☐ ☐ ☐

(동종 짐승의) 떼, 사람들

A <u>herd</u> of sheep is running around the hill.

양 무리가 언덕을 돌아다니고 있다.

2019년 6월 고1

★★ offer ☐ ☐ ☐

제안하다, 권하다

The company <u>offered</u> a better position.

회사는 더 좋은 직위를 제안했다.

2017년 9월 고1

Day 45

detect

bark

distraction

resource

disclose

intergroup

exactly

intensively

experiment

award

heartily

ship

misunderstanding

immersion

vehicle

📣 아는 단어가 있나요? 뜻을 적어보세요

scarcity

annual

link

manipulate

deny

ravage

overload

flash

alongside

justify

sewage

society

darken

thereafter

poll

449

Day 45

★★★ **detect** □ □ □

발견하다, 감지하다

Hae Na <u>detected</u> a flaw in the game system.

해나는 게임 시스템의 결함을 발견했다.

2015년 9월 고1

★ **bark** □ □ □

짖다, 나무껍질

The neighbor's dog <u>barks</u> every morning.

이웃집 개는 아침마다 짖는다.

2015년 6월 고1

★ **distraction** □ □ □

집중을 방해하는 것, 방해, 주의력 분산

I can't concentrate on my work because of the <u>distractions</u> around me.

내 주위가 산만해서 일에 집중할 수가 없다.

2016년 9월 고2

★ **resource** □ □ □

자원, 재료

Where did you get those <u>resources</u> from?

어디서 그 재료들을 찾았어요?

2019년 6월 고2

★ disclose □ □ □

밝히다, 폭로하다

The company finally <u>disclosed</u> details of the newly launched system.

회사는 드디어 새롭게 출시된 시스템의 세부 사항을 밝혔다.

2016년 9월 고2

★ intergroup □ □ □

그룹 사이의, 집단 간의

To work as a team, the <u>intergroup</u> relationship must be good.

팀으로 일하려면, 그룹 간의 관계가 좋아야 한다.

2019년 6월 고2

★★ exactly □ □ □

정확히

Tell me <u>exactly</u> what he said to you.

그가 너한테 했던 말을 저한테도 똑같이 말해 주세요.

2016년 9월 고1

★ intensively □ □ □

집중적으로

We don't have enough time so work <u>intensively</u> on this part first.

시간이 충분하지 않으니 이 부분을 먼저 집중적으로 일해 주세요.

2017년 9월 고2

★★ experiment ☐ ☐ ☐

실험

The result of the experiment was different from what we expected.

실험의 결과는 우리가 예상했던 것과 달랐다.

2016년 9월 고1

★★ award ☐ ☐ ☐

🐾 상, 부상

Da On won the award for the first time.

다온은 처음으로 상을 탔다.

2016년 9월 고1

★ heartily ☐ ☐ ☐

실컷, 열심히

I can't breathe now because I ate heartily.

너무 열심히 먹어서 숨을 쉴 수가 없다.

2016년 6월 고1

★ ship ☐ ☐ ☐

큰 배, 선박

Ships are in the harbor.

선박들이 항구에 있다.

2014년 9월 고2

★ misunderstanding ☐ ☐ ☐

오해, 착오

It was hard to solve because there were some <u>misunderstandings</u>.

착오가 좀 있어서 해결하기 힘들었다.

2016년 9월 고2

★ immersion ☐ ☐ ☐

(액체 속에) 담금, 몰두, 몰입

Through a month of <u>immersion</u> lesson of English, I can easily communicate with foreigners.

한 달간의 영어 몰입 수업으로 외국인들과 쉽게 소통할 수 있게 되었다.

2014년 9월 고2

★★ vehicle ☐ ☐ ☐

차량, 탈 것, 운송 수단

Who can drive this <u>vehicle</u>?

이 차량을 누가 운전할 수 있나요?

2018년 6월 고1

★ scarcity ☐ ☐ ☐

부족, 결핍, 드문, 희소성

This book is high in <u>scarcity</u>.

이 책은 희소성이 높다.

2014년 6월 고2

★ annual □ □ □

매년의, 해마다

Seo Hee's family holds an end-of year party <u>annually</u>.

서희네 가족은 매년 연말 파티를 연다.

2014년 9월 고2

★★ link □ □ □

관련, 관계

This case is <u>linked</u> to the previous case.

이번 사건은 이전에 일어난 일과 관련되어 있다.

2017년 6월 고1

★ manipulate □ □ □

조종하다, 다루다, 조작하다

How do you <u>manipulate</u> this machine?

이 기계는 어떻게 조종하는 건가요?

2018년 6월 고2

★ deny □ □ □

사실이 아니라고 말하다, 부인하다

Please <u>deny</u> what you just said.

방금 한 말이 사실이 아니라고 말해 주세요.

2018년 6월 고1

⭐ ravage ☐ ☐ ☐

피폐하게 만들다, 파괴하다

The whole building was <u>ravaged</u> with fire.

큰 불로 인해 빌딩 전체가 파괴되었다.

2016년 6월 고1

⭐ overload ☐ ☐ ☐

과부하, 과적하다, 부과하다

Seung Hwan is suffering from the <u>overload</u> of work.

승환이는 과중한 업무로 인해 고생하고 있다.

2015년 9월 고2

⭐ flash ☐ ☐ ☐

번쩍이다, 비추다

The light on the computer keeps <u>flashing</u>.

컴퓨터의 불빛이 계속 번쩍거리고 있다.

2017년 6월 고1

⭐ alongside ☐ ☐ ☐

~옆에, 나란히

The bicycles are parked <u>alongside</u> the road.

자전거들이 도로 옆에 주차되어 있다.

2014년 9월 고2

★ justify ☐ ☐ ☐

타당함을 보여 주다, 정당화시키다, 해명하다

You need to <u>justify</u> what you just did.

네가 방금 한 행동은 해명할 필요가 있다.

2014년 9월 고2

★ sewage ☐ ☐ ☐

하수, 오물

<u>Sewage</u> is also polluting the sea.

하수가 바닷물도 오염시키고 있다.

2014년 6월 고2

★★ society 🐾 ☐ ☐ ☐

사회, 집단

There are many different people in the <u>society</u>.

사회에는 다양한 사람이 있다.

2017년 6월 고1

★ darken ☐ ☐ ☐

어두워지다

I like to <u>darken</u> my screens to protect my eyes.

내 눈을 보호하기 위해 화면을 어둡게 하는 것을 좋아한다.

2018년 6월 고1

★ **thereafter** □ □ □

그 후에

<u>Thereafter</u>, Ji Hyung adopts an abandoned dog.

그 후, 지형이는 유기견을 입양한다.

2018년 6월 고1

★ **poll** □ □ □

여론 조사, 득표하다

The <u>poll</u> was conducted to get a clear information.

정확한 정보를 얻기 위해 여론 조사를 실시했다.

2015년 9월 고2

Day 46

isolate

familial

intellect

via

complaint

guidance

slim

type

depression

hence

consult

recapture

beat

conscious

permit

🐾 아는 단어가 있나요? 뜻을 적어보세요

firm

deceive

mallard

cathedral

interdependence

import

refugee

long term

affection

friction

contagious

unlivable

series

certain

depend

Day 46

★ **isolate** ☐ ☐ ☐

격리하다, 고립시키다.

We need to <u>isolate</u> the patient before the diseases move to others.

병을 옮기기 전에 그 환자를 격리시켜야 한다.

2015년 6월 고1

★ **familial** ☐ ☐ ☐

가족의

The company is known to have a <u>familial</u> atmosphere.

그 회사는 가족적인 분위기를 지니고 있다고 알려져 있다.

2017년 9월 고2

★ **intellect** ☐ ☐ ☐

지적 능력

We just relied on his <u>intellect</u>.

우리는 그냥 그의 지적 능력에 의지했다.

2014년 6월 고1

★ **via** ☐ ☐ ☐

(어떤 장소, 사람, 시스템을) 경유하여, 통하여

The survey was conducted <u>via</u> phone calls.

전화를 통해 설문 조사를 진행했다.

2016년 9월 고2

★ complaint ☐ ☐ ☐

불평, 항의

The employee received <u>complaints</u> from many customers.

그 직원은 많은 손님들로부터 항의를 받았다.

2017년 6월 고1

★ guidance ☐ ☐ ☐

지도, 안내

If you follow the <u>guidance</u>, there will be no problem.

안내를 따른다면, 아무 문제없을 것이다.

2017년 9월 고1

★ slim ☐ ☐ ☐

날씬한, 얇은

Ra On is so <u>slim</u> that he's trying to gain weights.

라온은 너무 날씬해서 살을 찌우고 있다.

2015년 9월 고2

★ type ☐ ☐ ☐

유형, 종류

What <u>type</u> of phone do you have?

네 핸드폰 유형은 뭐야?

2018년 9월 고1

⭐ depression 　☐ ☐ ☐

우울증, 암울함

Jun Ho is on medication for <u>depression</u>.

준호는 우울증으로 인해 약을 복용하고 있다.

2016년 6월 고1

⭐ hence 　☐ ☐ ☐

이런 이유로, 따라서

<u>Hence</u>, we don't go to school on that day.

이런 이유로, 우리는 그날 학교를 안 간다.

2014년 9월 고2

⭐ consult 　☐ ☐ ☐

상담하다, 조언하다

I have to <u>consult</u> about my future.

나의 미래에 대해서 상담을 해야 한다.

2015년 9월 고1

⭐ recapture 　☐ ☐ ☐

탈환하다, 쟁취하다

The team <u>recaptured</u> the first place.

그 팀은 일등의 자리를 탈환했다.

2016년 9월 고2

★★ beat ☐ ☐ ☐

이기다, 통제하다

My little brother has never <u>beaten</u> me.

내 동생은 한 번도 나를 이긴 적이 없다.

2019년 6월 고1

★ conscious ☐ ☐ ☐

의식하는, 의식의

I became <u>conscious</u> after 5 days.

5일 만에 의식을 찾았다.

2015년 6월 고1

★ permit ☐ ☐ ☐

허용하다, 허락하다

Smoking is not <u>permitted</u> in the class.

강의실에서 흡연은 허용되지 않는다.

2017년 9월 고2

★★ firm ☐ ☐ ☐

🐾 회사, 딱딱한

The watermelon is so <u>firm</u> that I can't cut it.

수박이 너무 딱딱해서 자를 수가 없다.

2018년 6월 고2

☆ deceive ☐ ☐ ☐

속이다, 기만하다

Chae Hyun <u>deceived</u> us for three years.

채현은 3년간 우리를 속였다.

2018년 9월 고1

☆ mallard ☐ ☐ ☐

청둥오리

I saw <u>mallards</u> at the park.

나는 공원에서 청둥오리를 봤다.

2014년 6월 고2

☆ cathedral ☐ ☐ ☐

대성당

I went to France and took a tour of the <u>cathedral</u>.

프랑스에 가서 대성당 투어를 했다.

2015년 9월 고2

☆ interdependence ☐ ☐ ☐

상호 의존

<u>Interdependence</u> between the countries is important.

나라 간의 상호 의존은 중요하다.

2016년 9월 고1

★ import

수입, 수입하다

It is hard to find <u>imported</u> food in Korea.

한국에서 수입 식품을 찾기 어렵다.

2015년 6월 고2

★ refugee

난민

Doctor volunteered at <u>refugee</u> camp.

의사는 난민 수용소에서 의료 봉사를 했다.

2018년 6월 고2

★★ long term

장기, 장기적인

This method is effective in the <u>long term</u>.

장기적으로 본다면 이 방법이 효과적이다.

2015년 6월 고1

★ affection

애착, 보살핌

I have a lot of <u>affection</u> for this doll.

나는 이 인형에 애정이 많다.

2014년 6월 고2

★ friction ☐ ☐ ☐

마찰, 갈등

<u>Friction</u> between two parts caused the machine to malfunction in the process.

두 부품의 마찰로 기계가 오작동했다.

2017년 9월 고1

★ contagious ☐ ☐ ☐

전염되는, 전염성의

That disease is highly <u>contagious</u> so must be careful.

그 병은 전염성이 강하기에 조심해야 한다.

2014년 6월 고1

★ unlivable ☐ ☐ ☐

살 수 없는

I would be <u>unlivable</u> without my family.

나는 가족 없이 살 수 없을 것이다.

2014년 9월 고1

★ series ☐ ☐ ☐

연쇄, 연속, 시리즈

This incident helped an author to write a <u>series</u> of dramas.

이 사건은 작가가 일련의 드라마를 집필하는 것에 도움을 줬다.

2016년 6월 고1

★★ certain □ □ □

확실한, 틀림없는

I am <u>certain</u> about my thoughts.

나는 나의 생각에 확신을 가진다.

2017년 6월 고1

★★ depend □ □ □

의존하다, 의지하다

Hae Na <u>depends</u> on her parents too much that she can't do anything by herself.

해나는 부모님에게 너무 많이 의존해서 혼자 할 줄 아는 게 없다.

2014년 9월 고2

Day 47

pattern

movable

priority

time-consuming

collective

authentic

regardless

pet

receive

loaf

precisely

journey

mysterious

jam

bar

●●● 아는 단어가 있나요? 뜻을 적어보세요

trustworthy

environmental

radical

tolerance

temper

companion

persuasive

lumber

corridor

reluctantly

tribe

postpone

reward

multitask

distort

Day 47

★ **pattern** ▢ ▢ ▢

양식, 패턴

The <u>pattern</u> of the school uniform never changes.

학교 교복의 양식은 절대 변하지 않는다.

2019년 6월 고1

★ **movable** ▢ ▢ ▢

이동시킬 수 있는, 움직이는

I prefer to have a <u>movable</u> partitions.

이동시킬 수 있는 칸막이를 더 선호한다.

2018년 9월 고2

★ **priority** ▢ ▢ ▢

우선 사항

Let's set a <u>priority</u> first.

우선 사항을 먼저 정해요.

2015년 9월 고1

★ **time-consuming** ▢ ▢ ▢

(많은) 시간이 걸리는

Let's do the <u>time-consuming</u> work at the end.

시간이 많이 걸리는 일은 마지막에 해요.

2018년 6월 고1

★★ collective ☐ ☐ ☐

집단의, 단체의, 공통의

This case is a <u>collective</u> responsibility.

이 사건은 집단 책임이다.

2019년 6월 고1

★ authentic ☐ ☐ ☐

진품인, 진짜인

Da On only collects an <u>authentic</u> painting.

다온은 진품인 그림만 수집한다.

2014년 9월 고1

★★★ regardless ☐ ☐ ☐

개의치 않고, 상관하지 않고

Everyone can attend party <u>regardless</u> of age.

나이 상관없이 모두 파티에 참석 가능하다.

2017년 6월 고1

★ pet ☐ ☐ ☐

애완동물

My <u>pet</u> is popular everywhere.

나의 애완동물은 어디서나 인기가 많다.

2016년 6월 고1

★★★ receive ☐ ☐ ☐

받다, 받아들이다

Did you <u>receive</u> letters from her?

그녀한테 편지 받았나요?

2017년 9월 고1

★ loaf ☐ ☐ ☐

빈둥(어정)거리다, 빵 한 덩이

I had a <u>loaf</u> of bread for breakfast.

아침으로 빵 한 덩이를 먹었다.

2018년 9월 고1

★ precisely ☐ ☐ ☐

바로, 꼭, 정확히

That is <u>precisely</u> what I was explaining.

그것이 정확히 내가 설명하고 있던 거야.

2017년 6월 고2

★ journey ☐ ☐ ☐

여행, 여정, 이동

It was a <u>journey</u> I'll never forget.

평생 잊지 못할 여행이었다.

2015년 6월 고2

★ mysterious ☐ ☐ ☐

이해하기 힘든, 기이한

I watched that for three times but still <u>mysterious</u>.

3번을 봤는데도 이해하기 힘들다.

2018년 6월 고1

★ jam ☐ ☐ ☐

혼잡, 교통 체증, 잼

Due to the traffic <u>jam</u>, I will be late.

교통 체증으로 늦을 거예요.

2015년 6월 고2

★ bar ☐ ☐ ☐

술집, 바

Seo Hee was drinking at the <u>bar</u>.

서희는 술집에서 술을 마시고 있었다.

2019년 6월 고1

★ trustworthy ☐ ☐ ☐

신뢰할 수 있는, 믿을만한

People in my group are very <u>trustworthy</u>.

🐾 나의 그룹의 사람들은 신뢰할 수 있다.

2015년 9월 고2

★ environmental ☐ ☐ ☐
환경의

Every company should not cause <u>environmental</u> harm.

모든 회사가 환경에 해를 끼쳐서는 안 된다.

2014년 6월 고2

★ radical ☐ ☐ ☐
근본적인, 근원적인, 뿌리째로

The <u>radical</u> problems should be solved first.

근본적인 문제들부터 해결해야 한다.

2016년 9월 고1

★ tolerance ☐ ☐ ☐
용인, 관용

Teachers don't have <u>tolerance</u> on students doing bad things.

선생님들은 학생들이 나쁜 짓을 하는 것에 대해 관대하지 않다.

2015년 9월 고1

★ temper ☐ ☐ ☐
성질, 성향, 기질

Sometimes, it is necessary to lose the <u>temper</u>.

성질을 부릴 필요도 있다.

2017년 9월 고1

★ companion ☐ ☐ ☐

동반자, 동행

Seo Hee promised to be my travelling <u>companion</u>.

서희는 나의 여행 동반자가 되기로 약속했다.

2014년 6월 고2

★ persuasive ☐ ☐ ☐

설득력 있는

Seung Hwan stated a <u>persuasive</u> argument.

승환은 설득력 있는 주장을 내세웠다.

2018년 9월 고1

★ lumber ☐ ☐ ☐

잡동사니, 쓸데없는 물건

The garage was full of <u>lumber</u>.

차고가 잡동사니로 꽉 찼다.

2015년 6월 고1

★ corridor ☐ ☐ ☐

복도, 회랑, 통로

The <u>corridor</u> leads to the main building.

통로는 본관으로 이어진다.

2016년 9월 고2

☆ **reluctantly** □ □ □

마지못해서, 꺼려하여

Ji Hyung <u>reluctantly</u> accepted my offer.

지형이는 마지못해서 나의 제안을 받아들였다.

2015년 6월 고1

☆ **tribe** □ □ □

부족, 종족, 집단

That <u>tribe</u> always move around together.

그 집단은 항상 함께 돌아다닌다.

2017년 6월 고1

☆ **postpone** □ □ □

연기하다, 미루다 🐾

We have to <u>postpone</u> the deadline.

마감일을 연기해야 한다.

2018년 9월 고1

★★ **reward** □ □ □

보상, 상

What is the <u>reward</u> if I record a top sale?

최고 매출을 기록하면 그에 대한 보상은 뭐야?

2016년 9월 고1

★ multitask ☐ ☐ ☐

다중 작업을 하다

Ra On is bad at <u>multitasking</u>.

라온은 다중 작업을 못한다.

2015년 9월 고2

★ distort ☐ ☐ ☐

비틀다, 일그러뜨리다, 왜곡되다

The shape of a plastic cup was <u>distorted</u> after putting it into the microwave.

전자레인지에 돌린 후 플라스틱 컵의 모양이 비틀어졌다.

2014년 6월 고2

Day 48

judge

invention

mere

palm

inhabitant

vivid

classical

history

scene

optimal

freshman

amateur

author

desert

regular

478

🐾 아는 단어가 있나요? 뜻을 적어보세요

degradation

inheritance

compel

semantic

accurately

partly

fruition

probable

unacknowleged

assign

deferrable

disturbingly

carpenter

charm

proper

479

★★ judge □ □ □

판사, 판단하다

I don't want you to <u>judge</u> me.

네가 날 판단하지 않았으면 좋겠다.

2015년 6월 고1

★ invention □ □ □

발명품

Jun Ho was highly commended for his <u>invention</u>.

준호는 그의 발명품으로 크게 칭찬을 받았다.

2014년 9월 고2

★★ mere □ □ □

겨우 ~의, (한낱) ~에 불과한

Su Jeong took a <u>mere</u> 10 minutes to get ready.

수정은 준비하는데 겨우 10분밖에 안 걸렸다.

2018년 6월 고1

★ palm □ □ □

손바닥, 손안에 감추다

That bread is bigger than my <u>palm</u>.

저 빵은 내 손바닥보다 크다.

2015년 6월 고1

★ inhabitant ☐ ☐ ☐

(특정 지역의) 주민

My parents are the oldest <u>inhabitant</u> of this place.

우리 부모님이 이 지역에서 가장 오래된 주민이다.

2018년 6월 고1

★ vivid ☐ ☐ ☐

생생한, 선명한

That moment is still <u>vivid</u> in my mind.

그 순간은 아직도 생생하다.

2017년 9월 고1

★ classical ☐ ☐ ☐

고전적인

I only listen to <u>classical</u> music.

나는 고전 음악만 듣는다.

2015년 6월 고1

★ history ☐ ☐ ☐

역사

The <u>history</u> of the United States is interesting.

미국의 역사는 흥미롭다.

2019년 6월 고1

★ scene ☐ ☐ ☐

현장, 장면

Were you at the <u>scene</u>?

그 현장에 있었나요?

2017년 9월 고1

★ optimal ☐ ☐ ☐

최선의, 최적의

It is great to maintain an <u>optimal</u> condition.

최적의 상태를 유지하는 것이 좋다.

2016년 9월 고2

★ freshman ☐ ☐ ☐

신입생

The first day of school will be <u>freshmen</u>'s orientation.

학교 첫날은 신입생 오리엔테이션이 될 것입니다.

2016년 6월 고1

★ amateur ☐ ☐ ☐

비전문가, 아마추어 선수

The competition for only <u>amateurs</u> will be held tomorrow.

비전문가들만을 위한 대회가 내일 열릴 것이다.

2016년 9월 고2

★ **author** ☐ ☐ ☐

작가

The <u>author</u> wrote the best scenario.

작가는 최고의 시나리오를 썼다.

2014년 9월 고2

★ **desert** ☐ ☐ ☐

사막, (도와주거나 부양하지 않고) 버리다

Finding an oasis in the <u>desert</u> is a miracle.

사막에서 오아시스를 찾는 것은 기적이다.

2014년 9월 고2

★ **regular** ☐ ☐ ☐

규칙적인, 정기적인

Eating <u>regular</u> meals is good for your health.

규칙적인 식사를 하는 것이 건강에 좋다.

2017년 6월 고1

★ **degradation** ☐ ☐ ☐

비하, 저하, 악화

Service <u>degradation</u> will never happened.

서비스 저하는 절대 일어나지 않는다.

2014년 9월 고2

★ inheritance ☐ ☐ ☐

상속받은 재산, 유산, 유전

The brothers fought for their <u>inheritance</u>.

형제들은 물려받은 재산을 두고 다퉜다.

2015년 6월 고1

★ compel ☐ ☐ ☐

강요하다, ~하게 만들다

I don't want my parents to <u>compel</u> me.

나는 부모님께서 나에게 강요하지 않았으면 한다.

2014년 9월 고2

★ semantic ☐ ☐ ☐

의미의, 의미론적인

It seems it has a <u>semantic</u> difference.

의미적인 차이가 있는 것 같다.

2016년 9월 고2

★ accurately ☐ ☐ ☐

정확히, 정밀하게

Use a calculator to get numbers <u>accurately</u>.

수치를 정확하게 얻기 위해 계산기를 사용해라.

2014년 6월 고2

★ **partly** ☐ ☐ ☐

부분적으로, 어느 정도

Your answer is <u>partly</u> correct.

너의 답은 어느 정도 맞았다.

2016년 9월 고2

★ **fruition** 👣 ☐ ☐ ☐

성과, 결실

Efforts ultimately come to <u>fruition</u>.

노력은 결국 성과를 가져온다.

2016년 9월 고2

★ **probable** ☐ ☐ ☐

사실일 것 같은, 개연성 있는

That idea sounds very <u>probable</u>.

그 아이디어는 매우 개연성 있다.

2014년 9월 고1

★ **unacknowleged** ☐ ☐ ☐

감사를 받지 못한, 인정받지 못하는

Chae Hyun's effort was <u>unacknowledged</u> because of just one mistake.

채현의 노력은 단 한 개의 실수로 인정받지 못했다.

2014년 6월 고2

★★ assign

맡기다, 배정하다

I was <u>assigned</u> to a marketing team.

나는 마케팅 팀으로 배정받았다.

2016년 9월 고2

★ deferrable

연기할 수 있는

Payment date for your rent fee is <u>deferrable</u>.

집세 납입 날짜를 연기할 수 있다.

2019년 6월 고2

★ disturbingly

교란시키어, 불안하게 하여, 충격적인

<u>Disturbingly</u>, I still didn't finish up my assignments.

불안하게도 아직까지 과제를 끝내지 못했다.

2018년 9월 고2

★ carpenter

목수

My grandfather worked as a <u>carpenter</u>.

나의 할아버지는 목수로 일을 하셨다.

2016년 6월 고1

★ **charm** ☐ ☐ ☐

매력

This village is full of <u>charm</u> like a princess movie.

공주 영화처럼 이 마을은 매력이 넘친다.

2016년 6월 고1

★ **proper** ☐ ☐ ☐

적절한, 제대로 된

You must put a <u>proper</u> clothes on.

제대로 된 옷을 입어야 한다.

2018년 6월 고1

Day 49

dismiss

ironic

somewhere

exploitation

cause-and-effect

headline

tool

observer

kinesthetic

respiratory

boundless

suitable

spin

realize

fallacy

아는 단어가 있나요? 뜻을 적어보세요

buyer

cage

tourist

defense

phenomenon

exploration

strip

launch

cruelty

stricken

morality

atmospheric

wildlife

wealthy

well-dressed

Day 49

★ dismiss ☐☐☐

묵살하다, 해고하다, 해산시키다

Hae Na was <u>dismissed</u> for her dishonest act.

해나는 본인의 비정직한 행동으로 해고당했다.

2018년 9월 고2

★ ironic ☐☐☐

반어적인, 비꼬는

The movie was evaluated with an <u>ironic</u> comment.

그 영화는 아이러니한 감상평으로 평가를 받았다.

2017년 6월 고2

★ somewhere ☐☐☐

어딘가에

You can find your old blanket <u>somewhere</u> in the room.

너의 오래된 이불은 방 어딘가에서 찾을 수 있다.

2017년 9월 고1

★ exploitation ☐☐☐

착취, 부당하게 이용

Employees <u>exploitation</u> can result in a big problem.

직원들을 부당하게 이용하는 것은 큰 문제를 일으킬 수 있다.

2014년 6월 고2

★ **cause-and-effect** ☐ ☐ ☐

원인과 결과, 인과관계

After the experiment, write about the <u>cause and effect</u>.

실험을 한 후, 원인과 결과를 작성하세요.

2015년 6월 고2

★ **headline** ☐ ☐ ☐

표제, 주요 뉴스, 기사 제목

Did you see the <u>headline</u> of today's newspaper?

오늘 신문의 주요 뉴스 봤어?

2019년 6월 고1

★ **tool** ☐ ☐ ☐

연장, 도구

Da On is using a <u>tool</u> to fix the tables.

다온은 책상을 고치기 위해 연장을 사용하고 있다.

2017년 6월 고1

★ **observer** ☐ ☐ ☐

보는 사람, 목격자

Did you find a <u>observer</u> of that accident?

그 사고의 목격자를 찾았나요?

2017년 9월 고1

★ kinesthetic ☐ ☐ ☐

운동 감각의, 운동의

Seo Hee has a great intelligence of <u>kinesthetic</u>.

서희는 뛰어난 운동 감각을 소유하고 있다.

2019년 6월 고2

★ respiratory ☐ ☐ ☐

호흡의, 호흡 기관의

Smell of paints irritate my <u>respiratory</u> system.

페인트 냄새는 호흡 기관을 자극한다.

2018년 9월 고1

★ boundless ☐ ☐ ☐

한(끝)이 없는, 무한한

Seung Hwan showed his <u>boundless</u> enegry at the festival.

승환이는 축제에서 그의 무한한 에너지를 보여 줬다.

2018년 9월 고1

★ suitable ☐ ☐ ☐

적합한, 적절한

I think Ji Hyung is <u>suitable</u> for that position.

내 생각에는 지형이가 그 직위에 적절할 것 같다.

2017년 9월 고2

★ spin ☐ ☐ ☐

돌다, 회전하다

A billiard ball is keep <u>spinning</u>.

당구공이 계속 돌고 있다.

2015년 9월 고1

★★ realize ☐ ☐ ☐

깨닫다, 알아차리다, 인식하다

I just <u>realized</u> that I left my bag at school.

나는 학교에 가방을 두고 온 것을 방금 알아차렸다.

2017년 6월 고1

★ fallacy ☐ ☐ ☐

틀린 생각, 오류

Many people believe in a <u>fallacy</u>.

많은 사람들은 허위 사실을 믿는다.

2018년 6월 고2

★ buyer ✿✿ ☐ ☐ ☐

구매자, 소비자

The <u>buyer</u> needs to pay first before receiving a product.

구매자는 상품을 받기 전에 먼저 금액을 지불해야 한다.

2018년 9월 고1

★ cage ☐ ☐ ☐

우리, 새장

The birds are flying inside a <u>cage</u>.

새들이 새장 안에서 날아다닌다.

2019년 6월 고1

★ tourist ☐ ☐ ☐

관광객

<u>Tourists</u> were satisfied with their tour plan.

관광객들은 여행 계획에 만족했다.

2018년 9월 고1

★ defense ☐ ☐ ☐

방어, 수비

Team Korea is good at <u>defense</u>.

한국 팀은 수비를 잘한다.

2019년 6월 고1

★ phenomenon ☐ ☐ ☐

현상

An earthquake is a natural <u>phenomenon</u>.

지진은 자연 현상이다.

2016년 9월 고2

★ exploration ☐ ☐ ☐

탐사, 탐험

My dream is to go to the space <u>exploration</u>.

내 꿈은 우주 탐험을 가는 것이다.

2017년 9월 고1

★ strip ☐ ☐ ☐

옷을 벗다, 벗겨 내다

Ra On spilled orange juice on his shirt so he had to <u>strip</u> to wash it.

라온은 셔츠에 오렌지 주스를 쏟아서 닦기 위해 옷을 벗었다.

2014년 6월 고2

★ launch ☐ ☐ ☐

시작하다, 출시하다, 개시하다, 발사하다

The technology company <u>launched</u> a new high-tech system.

기술 회사가 새로운 첨단 기술 시스템을 출시했다.

2016년 9월 고2

★ cruelty ☐ ☐ ☐

잔인함, 학대

I hate movie stories about animal <u>cruelty</u>.

동물 학대에 대한 영화 스토리를 싫어한다.

2014년 6월 고1

★ stricken ☐ ☐ ☐

~에 시달리는, 고통받는

Jun Ho stuck in the elevator and asked for help with his <u>stricken</u> face.

준호는 엘리베이터에 갇혀서 고통받는 얼굴로 도움을 청했다.

2014년 6월 고2

★ morality ☐ ☐ ☐

도덕

Students must learn about public <u>morality</u>.

학생들은 반드시 공공의 도덕을 배워야 한다.

2016년 9월 고2

★ atmospheric ☐ ☐ ☐

대기의, 분위기 있는

We need to find a solution for an <u>atmospheric</u> pollution.

대기 오염의 해결 방안을 찾아야 한다.

2017년 6월 고2

★ wildlife ☐ ☐ ☐

야생 동물

I saw a <u>wildlife</u> at the camp site.

캠핑장에서 야생 동물을 봤다.

2018년 6월 고1

★ **wealthy** ☐ ☐ ☐

부유한

The <u>wealthy</u> people in this town own more than two cars.

이 지역의 부유한 사람들은 두 대 이상의 차를 보유하고 있다.

2016년 9월 고1

★ **well-dressed** ☐ ☐ ☐

복장이 훌륭한, 잘 차려입은

You were <u>well-dressed</u> for the event.

그 행사에 잘 차려입고 갔다.

2018년 6월 고2

Day 50

comfort

essence

satisfactory

spectacular

achievement

profession

manufacturer

bias

confidence

criticize

slightly

increasingly

stable

inaccuracy

valuable

🐾 아는 단어가 있나요? 뜻을 적어보세요

competence

elevate

resistance

mature

convey

incredible

disbelief

backbreaking

dimension

trap

superior

favor

emotionally

renew

Aristotle

★ comfort ☐ ☐ ☐

안락, 편안

This room is so small and <u>comfort</u>.

이 방은 굉장히 작고 안락하다.

2015년 6월 고1

★ essence ☐ ☐ ☐

본질, 정수

In <u>essence</u>, your function is so different from mine.

본질적으로 너의 기능은 내 것과 완전히 다르다.

2017년 6월 고1

★ satisfactory ☐ ☐ ☐

만족스러운, 충분한

My welfare benefit is <u>satisfactory</u> but the work is very hard.

나는 복리 후생에는 만족스럽지만 일은 너무 어렵다.

2017년 9월 고1

★ spectacular ☐ ☐ ☐

장관을 이루는, 극적인

At the top of the mountain, you can see a <u>spectacular</u> scenery.

산 정상에서 장관을 이루는 풍경을 볼 수 있다.

2018년 6월 고2

★ achievement ☐ ☐ ☐

업적, 성취한 것

Su Jeong is notable for her <u>achievement</u>.

수정은 그녀의 업적으로 유명하다.

2017년 9월 고1

★ profession ☐ ☐ ☐

(전문성을 갖춘) 직업

Chae Hyun is a doctor by <u>profession</u>.

채현의 직업은 의사이다.

2016년 9월 고1

★ manufacturer ☐ ☐ ☐

제조자, 생산 회사

We renewed a contract with an existing <u>manufacturer</u>.

기존의 제조자와 재계약했다.

2018년 9월 고1

★★ bias ☐ ☐ ☐

편견, 색안경

You have a strong <u>bias</u> against her.

너는 그녀에 대한 편견이 강하다.

2016년 9월 고1

★ confidence ☐ ☐ ☐

신뢰, 확신, 자신감

I lost <u>confidence</u> in you because of your behavior yesterday.

어제 너의 행동으로 너에 대한 신뢰를 잃었다.

2016년 6월 고1

★★ criticize ☐ ☐ ☐

비판하다, 비평하다

Don't <u>criticize</u> the movie before watching it.

영화를 보기도 전에 비평하지 마세요.

2017년 6월 고2

★ slightly ☐ ☐ ☐

약간, 조금

The frame needs to move <u>slightly</u> to the right.

액자가 오른쪽으로 약간 움직여야 할 것 같다.

2016년 9월 고1

★ increasingly ☐ ☐ ☐

점점 더, 갈수록 더

The work is becoming <u>increasingly</u> difficult.

일은 갈수록 점점 더 힘들어지고 있다.

2014년 6월 고1

★ stable ☐ ☐ ☐

안정된, 안정적인

Hae Na finally found a <u>stable</u> job.

해나는 드디어 안정적인 직장을 찾았다.

2017년 6월 고2

★ inaccuracy ☐ ☐ ☐

부정확함

The <u>inaccuracy</u> of an information made me to research again.

부정확한 정보 때문에 다시 조사를 해야 했다.

2016년 9월 고1

★★ valuable ☐ ☐ ☐

소중한, 귀중한

Studying abroad became an <u>valuable</u> experience for me.

유학 생활은 나에게 소중한 경험이 되었다.

2016년 6월 고1

★★ competence ☐ ☐ ☐

능숙함, 능숙도

Da On has a high level of <u>competence</u> in math.

다온은 수학 능숙도가 높다.

2018년 9월 고2

★ elevate ☐ ☐ ☐

승진시키다, 올리다

I <u>elevated</u> to the higher position.

더 높은 직책으로 승진했다.

2017년 9월 고1

★ resistance ☐ ☐ ☐

저항, 반대

I will just do it even if I meet <u>resistances</u>.

저항과 부딪히더라도 내 방식대로 할 거다.

2016년 9월 고2

★ mature ☐ ☐ ☐

어른스러운, 성인이 된, (충분히)발달하다

Seo Hee is <u>mature</u> among her friends.

서희는 친구들 사이에서 어른스럽다.

2015년 9월 고1

★★ convey ☐ ☐ ☐

전달하다, 전하다, 운반하다

I want to <u>convey</u> my happiness to you all.

내 행복을 모두에게 전달하고 싶다.

2017년 9월 고2

★ **incredible** ☐ ☐ ☐

믿을 수 없는, 믿기 힘든

I just heard an <u>incredible</u> news.

방금 믿기 힘든 뉴스를 들었다.

2017년 6월 고2

★ **disbelief** ☐ ☐ ☐

믿기지 않음, 불신감

Seung Hwan shook his head in <u>disbelief</u>.

승환이는 믿기지 않아서 고개를 휘저었다.

2017년 9월 고2

★ **backbreaking** ☐ ☐ ☐

(체력을) 소모시키는, 매우 힘든

Running for two hours is <u>backbreaking</u>.

두 시간 동안 뛰는 것은 매우 힘들다.

2016년 9월 고2

★ **dimension** ☐ ☐ ☐

크기, 치수, 차원

Please measure the exact <u>dimension</u>.

정확한 치수를 측정해 주세요.

2018년 6월 고1

★ trap □ □ □

덫, 함정, 가두다

Read the question carefully so you don't fall into the <u>trap</u>.

함정에 빠지지 않게 질문을 자세히 읽으세요.

2017년 6월 고1

★ superior □ □ □

우수한, 우월한, 상급의, 선배, 윗사람

Winner was clearly <u>superior</u>.

우승자는 확실히 우월했다.

2015년 9월 고2

★ favor □ □ □

호의, 친절

The employee always treats customers with <u>favor</u>.

그 직원은 항상 손님을 호의적으로 다룬다.

2016년 6월 고1

★ emotionally □ □ □

감정적으로, 정서적으로

Physically SeungHwan looks 30 but <u>emotionally</u> and mentally he is still a child.

승환은 30살처럼 보이지만 정서적으로와 정신적으로 아직 애다.

2018년 6월 고2

★ renew ☐ ☐ ☐

갱신하다, 연장하다, 재개하다

Make sure customers <u>renew</u> their subscription next year.

고객들이 다음 년도의 구독을 연장하도록 해.

2016년 6월 고1

★ Aristotle ☐ ☐ ☐

아리스토텔레스 (고대 그리스의 철학자)

JunHo wanted to name his son after <u>Aristotle</u> but his wife disagreed.

준호는 그의 아들을 아리스토텔레스로 이름 짓고 싶어 했지만 그의 아내가 반대했다.

2019년 6월 고1

색인

511

수능에 꼭 나오는

블랙홀 영단어

50일 완성 실전 마스터

—

1 쇄 인쇄   2020년 05월 12일
1 쇄 발행   2020년 05월 19일
—

지은이   홍경희
펴낸이   손동민
디자인   강혜빈
—

펴낸곳   디아스포라
주   소   서울시 서대문구 증가로 18, 204호
등   록   2014년 3월 3일 제25100-2014-000011호
전   화   02-333-8877(8855)
F A X   02-334-8092
홈페이지   http://www.s-wave.co.kr
E-mail   diaspora_kor@naver.com

ISBN   979-11-87589-21-1 (53740)